Colectivo Anti-Seguridad

MANIFIESTO POR LA ABOLICIÓN DE LA SEGURIDAD

Colectivo Anti-Seguridad

MANIFIESTO POR LA ABOLICIÓN DE LA SEGURIDAD

katakrak
liburuak

Título original: *The Security Abolition Manifesto*
Autoría: The Anti-Security Collective
Traducción: The Anti-Security Collective
Licencia original: © Red Quill Books Ltd. 2024
Fotografía interior: Koldo Atxaga Arnedo
Primera edición: junio de 2025
Diseño de portada: Koldo Atxaga Arnedo
Edición y maquetación: **Katakrak Liburuak**
                                      Calle Mayor 54-56
                                      31001 Iruñea-Pamplona
                                      editorial@katakrak.net
                                      www.katakrak.net
                                      @katakrak54

ISBN: 978-84-10316-12-6
Depósito legal: NA 1209-2025
Impresión: Gráficas Alzate

ÍNDICE

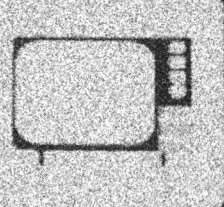

VERDAD

LIBERTAD

FE

AMOR

SEGURIDAD

AUTOESTIMA

FELICIDAD

CULTURA

DEMOCRACIA

Este libro está dedicado a la memoria de Gülden Özcan (1983-2022), fundadora del Colectivo Anti-Seguridad

NOTA DE LA EDITORIAL
ESCAPAR DE LA NEUROSIS, CONSTRUIR EL FUTURO

> Estamos trabajando por su seguridad,
> por la seguridad de todo el pueblo vasco.
> *Kontrola,* Hertzainak

¿Cambio climático? ¡Seguridad ambiental! ¿Hambrunas? ¡Seguridad alimentaria! ¿Escasez de agua? ¡Seguridad hídrica! ¿Contaminación de suelos? ¡Seguridad agrícola! ¿Atropellos? ¡Seguridad vial! ¿Apagones? ¡Seguridad energética! ¿Pobreza? ¡Seguridad económica! ¿Enfermedades? ¡Seguridad sanitaria! ¿Atracos? ¡Seguridad ciudadana! ¿Inmigración? ¡Seguridad nacional! ¿Virus global? ¡Bioseguridad!

En el capitalismo global que organiza la explotación y la apropiación del trabajo por medio de la ley del valor, la *Seguridad* es el tegumento, el principio organizador de un orden social de desigualdad grotesca y sufrimiento institucionalizado. Es la cobertura flexible, adaptable, resistente y compleja que lo mantiene todo unido, el as que la clase dominante se saca de la manga una y otra vez, la membrana que metaboliza los malestares sociales provocados por la desposesión, el alfa y el omega de la neolengua del poder, la mentira que transforma la insatisfacción encerrándola entre las cuatro paredes del miedo.

La *Seguridad*, como dijo Marx, «es el concepto supremo de la sociedad burguesa» que no consiste en proteger a las personas de las distintas amenazas, sino en mantener un sistema de acumulación de capital en crisis permanente por la escasez que provoca la *propiedad privada*, otra idea tergiversada que no es sino la apropiación del producto social colectivo y de los recursos de la naturaleza a través de la violencia. Cuando el empresario se queja de la inseguridad que generan los piquetes, sabe bien de lo que habla.

Como subraya el Colectivo Anti-Seguridad, la *Seguridad* es también una mercancía especial que juega un rol determinante en nuestra explotación, alienación y empobrecimiento. Produce su propio fetiche, incrustándose en el resto de mercancías y generando aún más riesgo y miedo, mientras intensifica la distracción respecto de las condiciones materiales de explotación que nos atrapan. Nuestras inseguridades efímeras concretas quedan envueltas bajo relaciones capitalistas, haciendo que sublimemos con el consumo lo que sólo podemos conseguir con la revolución.

El propósito de este manifiesto es aclarar estos y otros malentendidos que impiden construir alternativas al capitalismo. Porque no es posible imaginar nada radicalmente distinto si partimos del mismo entramado ideológico que da sentido y ordena la sociedad de clases en la que vivimos. Nunca desmontaremos la casa del amo con las herramientas (terminológicas) del amo. La teoría crítica que aspire a destruir en mil pedazos la ideología burguesa, tiene que ir al corazón del problema, sin rodeos, sin atajos y sin sucedáneos. El reto es enorme, dado que tal y como enunciaba el programa comunista primigenio, la abolición de la seguridad significa acabar también con la propiedad privada y la forma mercancía; con la policía, las cárceles y el patriarcado; con las fronteras, las colonias y los imperios. Supone, en definitiva, abolir las instituciones que sostienen el poder de clase, el racismo, el militarismo y el sexismo.

El primer paso, pues, implica ser conscientes de la importancia de desprendernos de la semántica burguesa, de la hegemonía de su lenguaje político. La *Seguridad* aliena y desactiva la lucha de clases, convirtiéndola en un marasmo de intereses privados y empresariales. En segundo lugar, debemos ponernos cuanto antes, tal y como propone el texto, a desarrollar nuestro proyecto político de los comunes, más allá del nihilismo capitalista. Es apremiante que miremos a los ojos a la barbarie de la civilización liberal y que tracemos un programa audaz y desafiante. Debemos poner negro sobre blanco, y gritar a los cuatro vientos, que ese mundo nuevo que llevamos en nuestros corazones, ahí donde no hay policía, ni estados ni guerras, es el único horizonte que garantiza la supervivencia de la especie y del planeta entero.

Pamplona-Iruñea
Junio de 2025

INTRODUCCIÓN

A principios de 2020, cuando se afianzó la pandemia de la COVID-19, las instituciones que dominaban el mundo tuvieron que movilizarse rápidamente. «Estamos todos juntos en esto» era el estribillo común que repetían para coordinar las acciones de gobiernos, empresas, organizaciones de la sociedad civil y familias. Pero las expectativas de que esa compasión por el sufrimiento se tradujera en una respuesta universal resultaron ser un cuento de hadas. Nunca estuvimos todos juntos en esto. La ciudadanía de los países ricos recibió vacunas y antivirales en cuestión de meses, pero el resto —de hecho, la mayoría de la población mundial— tuvo que esperar más. Muchos están aun esperando. Sin duda, esperarán para siempre. Los gobiernos ricos se movilizaron rápidamente para almacenar la mayor cantidad de vacunas posible, en algunos casos importándolas de países como la India. El hecho de que esta esta escasez no fuera consecuencia de las limitaciones materiales de la fabricación y distribución de vacunas a gran escala fue crucial, por muy reales que fuesen dichas limitaciones. En realidad, la escasez fue sobre todo una cuestión de diseño. Los críticos lo llamaron apartheid de las vacunas. Pero el problema que subyace en el corazón de esta violencia es algo fundamental y más profundamente arraigado en el sistema-mundo capitalista.

El problema es la seguridad.

La COVID-19 le ha dado una lección al mundo acerca de la normalización de las muertes en masa. Revela las formas en que el capitalismo sigue sosteniéndose en la explotación y el descarte de la vida; y no solo de la vida humana. El capitalismo ha dejado un reguero de sangre desde que llegó al mundo. Millones de personas trabajaron hasta morir en plantaciones, campos y fábricas; las campañas genocidas de las primeras corporaciones; los pueblos indígenas asesinados por sus tierras y recursos; la trata de esclavos; ecocidios, hambrunas y desastres de gestión política que produjeron muertes incontables; las ejecuciones en masa de mujeres en la caza de brujas; las guerras imperialistas, las guerras de exterminio y las guerras mundiales; las guerras contra las drogas, el crimen, el terror y muchas otras; las muertes por encarcelamientos en masa y asesinatos policiales; el encarcelamiento, la tortura, la desaparición y la ejecución de un número inestimable de personas que resistieron a cualquiera de estas formas destructivas... por no hablar de las muertes masivas resultantes de la forma más contrarrevolucionaria de poder estatal del capitalismo: el fascismo. Si enumeramos las muertes causadas por el capital, sus formas sociales y sus instituciones políticas, no podremos parar de contar; comenzando por los crímenes originarios del capitalismo —la violencia de los cercamientos, la esclavitud, el colonialismo— hasta llegar a la violencia cotidiana que nos infligimos entre nosotros y a nosotros mismos.

Entendemos esta violencia y sus causas en términos de seguridad.

No se debe reducir la «seguridad» a una noción de sentido común acerca de estar a salvo. La seguridad es la idea monstruosa de que estamos solos y atrapados en una competencia por recursos escasos, que la propiedad privada es un derecho natural, que necesitamos proteger nuestra pequeña isla de vida privada de la amenaza de otros y que, para ello, tenemos que someternos a la autoridad. La seguridad promete que el Estado existe para protegernos de una lista de amenazas internas y externas, de los demonios populares que forman la base de la vigilancia policial que pasa de una crisis tras otra: atracadores, terroristas, insurgentes, carteles de la droga, migrantes o refugiados, entre otros sospechosos habituales. La seguridad exige que miremos hacia arriba y nos sometamos al Leviatán, en lugar de buscar la solidaridad con nuestros congéneres humanos y no humanos de este planeta. La seguridad nos dice que somos obstáculos para la libertad de cada uno.

La seguridad transmuta los miedos universales a la amenaza, al peligro y la muerte en miedos particulares a los supuestos enemigos del orden social. Moviliza estas energías e imaginarios para mantener el capitalismo, un orden social grotesco y extremadamente polarizado, con élites en decadencia y masas sometidas a privaciones. En el imaginario burgués, es decir, en la ideología que domina y da forma a nuestro mundo, la seguridad es un derecho privado ligado a la propiedad individual que, a su vez, permite supuestamente la libertad individual. La seguridad es el policía de la propiedad privada; la libertad es el abogado de la seguridad.

Y sin embargo, la seguridad es la propiedad emergente del orden social. La propiedad privada solo es real y segura cuando todos compramos la ilusión y actuamos en consecuencia. En calidad de «contrato social», la seguridad individual se ve continuamente amenazada y no sólo por los enemigos oficiales del Estado. También corre el riesgo de que el Estado retire su protección o redefina a su adversario. La seguridad, entonces, es una relación política en la que el individuo accede a la amenaza de muerte del Estado a cambio de la libertad de perseguir su propio interés, de construir y custodiar su propia prisión de propiedad privada.

Como relación política, la seguridad propone una forma particular de ser. Sin embargo, esta forma de ser no es ni natural ni apolítica. Cuando el Estado y sus intelectuales de la seguridad representan cualquier asunto como una cuestión de seguridad, se despolitizan. Tales representaciones oscurecen su propia historia de «amenazas», presentándolas como problemas técnicos de gestión más que como problemas políticos inherentes a nuestra forma de vida bajo la dominación capitalista. Observemos, por ejemplo, las recomendaciones de las principales autoridades médicas para la «*seguridad* mundial de las vacunas» como solución al apartheid de las vacunas. Según la OMS y UNICEF, la «seguridad de las vacunas» se define como «el suministro oportuno, sostenido e ininterrumpido de vacunas accesibles de calidad garantizada». A primera vista, esta lógica parece tener sentido. Si los gobiernos del mundo simplemente adoptaran un enfoque más global para asegurar el suministro de vacunas, entonces el enfoque predominante en la generación de ganancias y las preocupaciones de seguridad nacional podrían mejorar. No obstante, este enfoque es, además de inadecuado, extremadamente engañoso. Sin duda, los estudiosos de la salud pública con perspectiva crítica tienen razón en muchos puntos: las grandes farmacéuticas se preocupan principalmente por sus balances; los funcionarios del gobierno *están* encantados de llenar los bolsillos de sus accionistas con fondos públicos, almacenando vacunas para *sus* ciudadanos; abandonar a su suerte a la mayoría de la gente corriente del mundo desafía cualquier racionalidad epidemiológica básica, por no hablar de consideraciones éticas o morales de justicia. Pero seamos claros: el problema no es una cuestión de miopía o insensibilidad. El problema es el capitalismo y la solución no puede ser la seguridad. Sin duda, cuando los líderes empresariales y políticos le dijeron al mundo que su principal preocupación era *brindar seguridad* a (algunos de) nosotros contra el flagelo de la COVID-19, dijeron la verdad. Lo que omitieron fue que dentro del capitalismo esta protección no sería ni podría ser universal. La razón es la fabricación de la escasez. La rentabilidad de las vacunas no existiría en un mundo donde la norma fuese el acceso libre y abierto a la vacuna.

La *seguridad* de las vacunas no es la respuesta a este problema. A pesar de sus connotaciones predominantemente positivas, de que es algo que todos necesitamos y deberíamos desear, la seguridad no es ni lo uno ni lo otro. Esta es la verdad apocalíptica detrás de las principales razones aducidas para nuestro apartheid de las vacunas: la generación de beneficios y la seguridad. En el caso de la COVID-19, primero los tétricos relaciones públicas de las corporaciones farmacéuticas mundiales dijeron que les iba a resultar imposible compartir las patentes de las vacunas a laboratorios de otras partes del mundo. Las corporaciones no *podían permitír-*

selo porque les impediría recuperar las enormes sumas de dinero que previamente habían invertido y arriesgado para producirlas. En mayor o menor medida, estos funcionarios admitían que facilitar la producción de vacunas a gran escala y una distribución lo más amplia posible —aunque, en primera instancia, ello fuera un objetivo de salud pública loable— no estaba en sintonía con generar ganancias. Esto a pesar de que la mayoría de los laboratorios que produjeron vacunas *no* estuvieron financiados por las corporaciones farmacéuticas sino por fondos públicos: por *nuestro* dinero. Entonces, los políticos a cargo de administrar la muerte masivamente dijeron que tenían la obligación legal y moral de proteger a sus poblaciones, presentando dichas obligaciones como asuntos de *seguridad nacional*. El mensaje era que la *única manera* de proteger a algunas poblaciones de los daños mortales del virus consistía en excluir a otras del acceso a esas mismas vacunas. Si bien la retórica de Trump de «Estados Unidos primero» era articulada explícitamente en la Operación Warp Speed, la mayoría de las naciones ricas compartieron el mismo enfoque. Nos dijeron que esta supuesta dura «realidad» además de desafortunada e involuntaria, estaba lejos de ser controlada. La protección que ofrecía la vacuna, en última instancia no podría extenderse a *todos*, al menos no en ese momento. Lo mejor que podríamos esperar sería que los países ricos con exceso de *stock* «regalaran» generosamente vacunas que no necesitaban a los países más pobres a través de organismos filantrópicos como COVAX.

Miembros de la comunidad médica y gobiernos del sur global criticaron tales afirmaciones. COVAX y otros esquemas similares eran absurdamente inadecuados. De hecho, las mismas vacunas son inadecuadas. No tardamos en enterarnos que la vacuna no prevenía la transmisión, aunque la mayoría de los gobiernos se contentaron con imponer su obligatoriedad y en convertirlas en elemento central de la respuesta a la COVID-19. ¿La razón? «Seguridad sanitaria». Pero la «seguridad sanitaria» no tiene nada que ver con lo que la mayoría entendemos por salud. Se refiere a la viabilidad de nuestros frágiles y desfinanciados sistemas de salud y a su capacidad de mantener a los trabajadores trabajando. La «seguridad sanitaria» apunta a la salud y a la seguridad del capitalismo.

Las afirmaciones de «apartheid de las vacunas» no son hiperbólicas. Son una referencia apropiada a la forma en que los mecanismos de seguridad reproducen y exacerban las desigualdades existentes, para garantizar la acumulación continua de capital y para proteger su creación de relaciones polarizadas de riqueza y poder. El apartheid de Sudáfrica, más allá de un sistema de control racializado, fue un mecanismo integral que produjo y gobernó diferentes estratos de una clase trabajadora multirracial en nombre de la acumulación. Era, en otras palabras, un mecanismo policial para la fabricación del orden social capitalista. Actualmente ocurre lo mismo con el «apartheid» de las vacunas: las leyes de propiedad intelectual y las restricciones que imponen los gobiernos garantizan que las empresas farmacéuticas obtengan ganancias récord y que los Estados gestionen la movilidad laboral, al tiempo que hacen que la gran mayoría de la humanidad sea desechable y vulnerable a la muerte prematura.

Dejando de lado la palabrería del humanismo burgués, queda claro que el trato digno y el respeto por la vida son un bien escaso. En gran medida, el trato humano dependía y sigue dependiendo de la posición social: la combinación de clase, raza, género, casta y nación restringe o amplía nuestras opciones. El 23 de abril de 2020, por ejemplo, 37 personas murieron en el estado mexicano de Baja California, en un momento en que solo había 10 respiradores disponibles en Tijuana, a pesar de que la capital era una gran productora de respiradores mecánicos y otros equipos médicos para el mercado mundial. La legislación del comercio global prohibía a México comprar muchos de los productos que fabricaba antes de que se enviaran al extranjero. La seguridad, en este y tantos otros contextos, significó que los respiradores producidos en México no pudieran utilizarse para tratar a pacientes del país. Más bien, la «seguridad» en juego era la cadena de suministro: asegurar la producción de ventiladores en México para su compra por parte de otras naciones. En el norte global se produjeron idénticos problemas: con algunas excepciones notables, se sacrificó a los trabajadores y a las personas racializadas. En todos los estados capitalistas avanzados, los partidos gobernantes opusieron la salud de la economía a la salud de la ciudadanía, sacrificando a esta última por la primera, privilegiando la salud y seguridad del capital. La «apertura» gradual de las economías para impulsar el consumo y fomentar la actividad empresarial y comercial ayudó a propagar el coronavirus y contribuyó a las sucesivas olas de contagios. Las vacunas redujeron el riesgo de muerte inminente, pero no previnieron la transmisión. La vuelta a la normalidad expuso a millones de personas.

La idea de «seguridad sanitaria» normaliza el sacrificio de la clase trabajadora y de los grupos racializados. De hecho, estas tasas de mortalidad diferenciadas pueden estar normalizadas, pero no son naturales. Son manifestaciones de la violencia estructural del capital. El capital no ha creado un proletariado mundial uniforme. En cambio, divide a la clase trabajadora, utilizando el salario, el género y la raza para agravar la subordinación de algunos grupos a través del patriarcado, la supremacía blanca, el nacionalismo, la religión, la edad y el capacitismo. Estas realidades son evidentes para muchos expertos en salud pública que han hecho duras críticas al apartheid de las vacunas. Sin embargo, y por lo general, estos expertos omiten hablar de la estructura subyacente, es decir, el capitalismo global. Un artículo de *The Lancet* del 16 de abril de 2022 señalaba que, aunque sea el capitalismo el que mantiene a millones de personas en condiciones de hambruna, «el anticapitalismo podría no ser del todo deseable dada la impresionante inversión que se produjo en las vacunas contra la COVID-19». Desde este punto de vista, el capitalismo es la solución al problema que supone el capitalismo. En vista a estas críticas comedidas de los estudiosos de la salud pública, insistimos en que cuando crisis como la pandemia se rigen en términos de seguridad (más tarde trataremos otras crisis), el objetivo nunca ha sido ni puede ser proteger a la gente corriente. Más bien, la lógica de la seguridad significa *necesariamente* la protección de algunos mediante la negación de la protección de otros. Los supuestos intentos de «protegernos» de la pandemia no son más que la última interacción de esta tendencia general del capitalismo como sistema histórico. No es nada excepcional y, desde luego, nada nuevo. Es la misma lógica que cuando los funcionarios estatales explican que la única forma de protegernos a «nosotros» es cerrándoles las fronteras a «ellos», o que frenar la delincuencia requiere que millones de personas pasen sus vidas encerradas en prisiones.

En todos estos casos, la seguridad separa a las poblaciones en grupos clasificados por la amenaza potencial que generan: los delincuentes y las personas respetables, los ciudadanos y los extranjeros, quienes merecen protección y quienes no la merecen (y además requieren de un manejo cuidadoso y a menudo coercitivo). Detrás de estas polarizaciones sociales está la fundamental, esa que la investigación y la opinión respetables evitan a toda costa: burguesía y proletariado. Lo que vemos aquí es cómo la acumulación de capital triunfa sobre las necesidades humanas básicas y cómo los trabajadores, especialmente quienes se hallan subordinados a través de la racialización, el género, la clase, la edad y el capacitismo, son sacrificados en el altar de la ganancia y en nombre de la seguridad.

El objetivo de la seguridad no es la protección, sino el mantenimiento de un sistema de acumulación de capital que se socava continuamente a sí mismo a través de la escasez que constituye la propiedad privada.

Un sistema de polarización y privaciones masivas genera poblaciones excluidas, devaluadas, degradadas y «peligrosas» que es necesario vigilar para asegurar la vida y la propiedad de los demás. Las líneas que separan a estos dos grupos —los incorporados al capitalismo en términos relativamente equitativos y aquellos a quienes se considera peligrosos y desechables— suelen estar sujetos a otras desigualdades estructurales. El delincuente negro, el terrorista musulmán, el matón indio o la mujer «de mala vida» encarnan un desorden que en sí mismo no justifica la intervención de la seguridad del Estado pero que invita a que muchos, incluidos grupos oprimidos, participen en la pacificación.

La seguridad es una mentira. Lo es en el sentido de que las relaciones que conforman nuestra forma de vida son sólo eso: relaciones humanas particulares, no trascendentales ni consustanciales a humanidad. La propiedad privada no es natural. Es la apropiación por parte de una clase del producto social colectivo y de los dones de la naturaleza. Es la desposesión de la gente a través de violencia impuesta por la ley: la violencia institucionalizada de la administración estatal (policía, prisiones, política social), la violencia interiorizada de las guerras sociales (contra el «crimen», las «drogas», la «pobreza» y todos los muchos otros enemigos declarados) y la violencia estructural de la dependencia del mercado (la separación de necesidades y capacidades, y la mercantilización de la vida). La seguridad es una invención, lo que significa que la mentira de la seguridad se remienda a partir de relaciones y circunstancias reales. La seguridad es profundamente ideológica, sin duda, pero no puede reducirse a una simple distorsión de las relaciones sociales «reales». Más bien, es un principio constitutivo y organizador de la vida cotidiana. Es, como escribió Marx en 1843, el «concepto supremo de la sociedad burguesa». El concepto supremo de la sociedad burguesa: una mentira que opera a expensas de la gente común, la justicia y la liberación. Cuando los propietarios de una mina o fábrica llaman a la «seguridad» para reprimir una huelga o un levantamiento, saben lo que buscan, la seguridad satisface bien sus necesidades. Lo mismo puede decirse de otras innumerables situaciones, aunque aquí el beneficio directo sea a veces más psicológico que material: el dueño de casa molesto que llama a la policía por los jóvenes que están divirtiéndose en público; la mujer blanca aterrorizada que denuncia la amenazante presencia pública de hombres no blancos; el «patriota» paranoico que «ve algo» como una persona musulmana alquilando un coche, y «dice algo» llamando a la policía local, que a su vez presenta una denuncia ante el Departamento de Seguridad Nacional. Pero, para el resto, la seguridad no ofrece nada; o al menos, nada deseable.

Nuestro mundo sigue operando bajo formas brutales de explotación laboral: esclavitud y servidumbre por deudas (especialmente de migrantes), trabajo infantil y talleres clandestinos. Esta violencia no es una excepción aberrante que se encuentra en las economías informales del Sur Global y en los sectores informales. Es parte del continuo de explotación capitalista que conecta las instancias de trabajo asalariado más reguladas con las formas más brutales y «atrasadas» de explotación y apropiación. El capitalismo global organiza todas las formas conocidas de explotación y apropiación del trabajo bajo la ley del valor. La seguridad es la membrana de este sistema, el principio organizador de nuestro orden social global de desigualdad grotesca y sufrimiento institucionalizado, la cobertura flexible, adaptable, resistente y compleja que lo mantiene todo unido.

La antiseguridad llega al núcleo del problema. Denunciamos la mentira y ofrecemos una verdad desafiante pero liberadora: no hay seguridad. Sólo existe la solidaridad, apoyo mutuo y lucha por una buena vida en común.

Este libro es una provocación para escapar de la dictadura ideológica de la seguridad sobre nuestra imaginación, a través de su abolición. La abolición de la seguridad significa liberarse de la prisión del yo y de las cosas: una visión empobrecida de la humanidad que asume que nacemos solos y que nuestras relaciones sociales están mediadas de forma natural por el dinero y las cosas.

La abolición de la seguridad significa la abolición de la propiedad privada y de la forma mercancía. Significa la unificación de necesidades y capacidades a través de los comunes y la producción de valores de uso. Al trabajar para el capital, la seguridad trabaja para la colonización, el imperio y la creación de razas. El poder policial es también poder patriarcal, el poder discrecional del jefe de familia aplicado a los problemas de la sociedad civil y el Estado. Un continuo de violencia discrecional fluye a través de la familia patriarcal y se conecta con aparatos policiales de imperios, corporaciones y estados. La abolición de la seguridad es el vínculo conceptual y práctico que conecta la abolición de las instituciones que sostienen el poder de clase, el racismo y el sexismo. La abolición de la seguridad complementa y conecta la tarea de desmantelar la policía, las cárceles y el patriarcado con el desafío de reconstruir el orden social en torno a los comunes.

La abolición de la seguridad no es simplemente una cuestión de abstenerse de la terminología de la seguridad. El proyecto mira hacia un mundo diferente. Un manifiesto por la abolición de la seguridad es un manifiesto por la transformación de las relaciones sociales básicas, que quiere alejarse de un mundo organizado en torno a la competencia individual y la escasez, para ir hacia uno en el que primen el poder colectivo y la riqueza comunal. Un mundo así es necesariamente la antítesis de la seguridad. Ambos no pueden coexistir en armonía.

1

ATRAPADOS EN LA SEGURIDAD

Durante mucho tiempo hemos estado atrapados en un sistema que tiene a la muerte en su corazón.

Cuando un individuo inflige a otro individuo tal lesión corporal que le causa la muerte, lo llamamos homicidio involuntario; cuando el autor obra premeditadamente, lo llamamos asesinato. Pero cuando la sociedad pone a centenares de proletarios en una situación tal que son necesariamente expuestos a una muerte prematura y anormal, a una muerte tan violenta como la muerte por la espada o por la bala; cuando quita a millares de seres humanos los medios de existencia indispensables, imponiéndoles otras condiciones de vida, de modo que les resulta imposible subsistir; [...] sabe demasiado bien que esos millares de seres humanos serán víctimas de esas condiciones de existencia y, sin embargo, permite que subsistan, entonces lo que se comete es un crimen, muy parecido al cometido por un individuo, salvo que en este caso es más disimulado, más pérfido, un crimen contra el cual nadie puede defenderse, que no parece un crimen porque no se ve al asesino, porque el asesino es todo el mundo y nadie a la vez, porque la muerte de la víctima parece natural, y porque es pecar menos por acción que por omisión. Pero no por ello es menos crimen.

Así escribía Friedrich Engels en 1845 sobre la condición de la clase obrera. Aunque ha habido grandes cambios desde entonces, *continuamos* atrapados en un sistema que tiene a la muerte en el centro. Atrapados porque, como dice Engels, la sociedad nos «obliga, por el brazo poderoso de la ley a permanecer en esa situación hasta que sobrevenga la muerte».

Estamos atrapados en un sistema que genera cada vez más formas novedosas de matarnos, a menudo en nombre del «progreso», de la «eficiencia» y, a veces, incluso, de la «humanidad», pero sobre todo *en nombre de la seguridad*. La ONU estima que en torno a 7500 trabajadores mueren cada día debido a condiciones de trabajo inseguras e insalubres. Eso equivale a alrededor de 2,7 millones de muertes al año. En el lugar de trabajo moderno se produce un holocausto invisible. Las muertes relacionadas con el lugar de trabajo superan el promedio anual de muertes por accidentes de tráfico (1 millón), violencia (563 000), guerras (502 000) y VIH/SIDA (312 000). A estas cifras podemos añadir la lenta violencia del capitalismo, como es el caso de las vidas de aproximadamente nueve millones de personas que cada año se apagan silenciosa y lentamente por la contaminación. Esta maquinaria de muerte está impulsada por el ritmo cada vez más acelerado de acumulación: la implacable aceleración del trabajo, el consumo y la vida cotidiana. El capital aniquila la naturaleza, el tiempo y el espacio, desestabiliza el clima, destruye sociedades y hábitats, y nos enferma de cuerpo y mente. Nos enfrentamos a un futuro de pesadilla con patrones climáticos extremos y virus virulentos, guerras por el agua y crisis de refugiados, tiroteos en masa y muertes por desesperación. Nada en esto constituye un «estado de excepción» porque nada en él es excepcional. Estos asesinatos en masa son normales, señalan al capitalismo como holocausto apenas identificado y sistemáticamente oculto, escondido a plena luz de día.

El capitalismo es una guerra social implacable, perpetua y en constante escalada de la que nadie puede escapar. Todos somos simultáneamente víctimas y verdugos. A veces, es abstracto y difuso: la violencia de nuestro consentimiento implícito a las relaciones de mercado, la negación fetichista de la maquinaria homicida que produce la vida mercantilizada. Otras veces, es directo e innegable: nos perjudicamos continuamente unos a otros, en mayor o menor medida. Para algunos, las líneas de combate son bastante claras. Después de cada tiroteo masivo, se nos invita a conocer las odiosas y repugnantes fantasías que cautivan a los hombres en distintos rincones del mundo y que motivan su violencia. Es un odio que nunca sorprende. Surge de una profunda alienación e impotencia.

No sólo de la «compulsión silenciosa de las relaciones económicas» de Marx, cuya presión implacable se cierne sobre nosotros, poniéndonos en situaciones desesperadas que invitan a actos desesperados. En ocasiones, dicha compulsión silenciosa nos lleva convertirnos en partidarios activos de la guerra social, convirtiendo la violencia del capital en algo mundano y normal. El fascismo más pernicioso es el fascismo que se deriva de nuestras «inseguridades» individuales: en muchas ocasiones nos lleva a odiarnos y herirnos mutuamente en un desesperado e ilusorio intento de lograr el control. Este es el fascismo del «hombrecillo» de Wilhelm Reich. Es la violencia de la solidaridad negativa, de «golpear hacia abajo», de tratar de asegurar la posición propia a través de apuntalar la dominación sobre los demás. Lo vemos todos los días, en lugares de trabajo tóxicos y familias donde se cometen abusos. También en gran parte de la violencia desesperada que normalizamos como «delito».

De hecho, este fascismo se manifiesta en explosiones cotidianas de «violencia interpersonal». Casi siempre, se trata de hombres que violan y victimizan a sus parejas, hijos, familiares, pares e, incluso, a sí mismos. En 2020, la ONU estimaba que cada once minutos una mujer o una niña era asesinada por un miembro masculino de su familia. Esta violencia interpersonal tiene condicionantes sociales evidentes. La violencia es un síntoma de alienación, pobreza, segregación y otros índices de marginación que se combinan para producir lo que la ciencia social llama cortésmente «desventaja concentrada». Los altos niveles de delitos denunciados entre las minorías en el mundo son un índice de su opresión. La violencia estructural de las relaciones sociales capitalistas y la violencia administrativa del aparato policial del Estado (entendido en términos generales; hablaremos de ello más adelante) se combinan para crear condiciones de violencia interpersonal y comunitaria endémica. De esta manera, incluso el homicidio más claro está siempre sobredeterminado. *Todos los asesinatos son asesinatos sociales.* Cuando consideramos esta violencia como «crimen» o «abuso», confundimos su causa sistemática. Es la violencia del capital: la atomización, desigualdad, las vicisitudes de la dependencia del mercado. Estas fuerzas ejercen presión sobre los individuos, aplastándolos y, lo que es peor, obligándolos a aplastar a los demás. La sociedad capitalista nos aboca tanto a presenciar la muerte temprana como a padecerla. A veces, incluso, a desearla;

unas 800 000 personas se quitan la vida cada año, el 80 % de ellas hombres.

Este hecho contundente y básico de violencia machista —incluida la violencia autoinfligida— es un síntoma de la manera en que el capitalismo ha incorporado y reconstruido los sistemas patriarcales de control, generando una variedad innumerable de situaciones y lugares que engendran violencia: la familia nuclear, el trabajo doméstico, el lugar de trabajo, el club nocturno, la universidad; lugares aparentemente apacibles que bullen de violencia. La violencia del capital, la violencia del patriarcado y la violencia de todas las opresiones son parte de una estructura más amplia: un sistema capitalista global que no produce un proletariado homogéneo, sino que gobierna a los trabajadores a nivel mundial, dividiéndolos en ejes de género, raza, casta, religión, edad y capacidad. El hecho aquí no es que la «blanquitud» o la masculinidad hayan constituido la reivindicación y el ejercicio de la dominación. Es que el nexo seguridad/capital opera a través de las relaciones de poder preexistentes y las transforma. *El capital coopta y la seguridad actúa en su representación.*

Rechazar la seguridad, por lo tanto, también implica rechazar aquellas formas de opresión que nos obligan a ver a los otros como obstáculos para la libertad y a participar en la política de la violencia comunitaria como medio para nuestra supuesta seguridad. La posición antisecuritaria implica asumir el desafío todavía radical de Engels en el que ver el «crimen» como «guerra social». Sin duda, los estallidos cotidianos de violencia colectiva, violencia interpersonal, violencia de género y violencia intrafamiliar constituyen tragedias humanas sórdidas. Al mismo tiempo, estos traumas de acumulación constante dependen de un camino previo y están sobredeterminados. Los detalles varían continuamente a lo largo del tiempo y del espacio, pero fijarse en ellos es perder la perspectiva general.

La lección más obvia de la crisis de la COVID-19 ha sido que vivimos en un orden social que normaliza (y luego olvida) la muerte en masa, debido a que se trata de un orden social basado en la explotación masiva de los seres humanos y la naturaleza y, por lo tanto, en la desechabilidad de la vida en todas sus formas. «Aprender a vivir con la COVID-19» es la nueva demanda que se nos hace, ya que el virus se ubica —*cómodamente*, desde la perspectiva del Estado y el capital— junto a otras formas evitables de muerte masiva. Las casi siete millones de muertes que hubo en el mundo por COVID-19 desde 2020 hasta mediados de 2023 equivalen a casi el mismo número de muertos al año que las muertes laborales. Nuevamente, no es excepcional. En Estados Unidos, una nación que puso al mundo patas arriba en respuesta a las tres mil almas asesinadas en Nueva York en septiembre de 2001, pocas personas quieren hablar de los más de un millón de muertos por COVID-19 (número que no para de aumentar). Entre 15 y 22 millones de muertes adicionales en todo el mundo: en la nueva normalidad, cuando los cuerpos se acumulan en silencio —ahora que los gobiernos han dejado de informar—, se espera que trabajemos, cojamos vacaciones, consumamos y, tal vez, que dediquemos un poco de tiempo a hacer el duelo (aunque no demasiado, por supuesto). La cantidad de muertes, que en otros tiempos impulsaría medidas de emergencia extraordinarias, se ha convertido en algo rutinario y sin importancia en el contexto de esta nueva causa de muertes masivas. Los gobiernos revierten las medidas de emergencia no porque la emergencia haya terminado sino porque la emergencia es la nueva normalidad. La COVID-19 figura como una revelación: la verdad del capital y del Estado. ¿Preocupado? Evalúe su propio riesgo, use mascarilla, lávese las manos, vacúnese, quédese en casa (si puede permitírselo) o vaya a trabajar si debe hacerlo. Simplemente no se queje, porque hay trabajo que hacer. De vuelta al trabajo. De regreso a la violencia rutinaria. Volvamos a las muertes lentas constitutivas del orden capitalista, solo que ahora a un ritmo más acelerado.

Es posible que esta pandemia siga su curso y que se haga endémica para ser reemplazada, sin duda, por amenazas más virulentas. Pero el cambio climático, tal vez la manifestación más cruda de la pulsión capitalista, solo empeorará la situación, como sugieren incluso los propios intelectuales del Estado: deforestación masiva, erosión del suelo acelerada por la agricultura industrial, incendios forestales e inundaciones, disminución de las fuentes de agua dulce, desertificación, zonas muertas, acidificación de los océanos y del agua de lluvia, y extinciones masivas de especies, incluyendo, está claro, a la humanidad misma. Volveremos al desastre climático más adelante. El punto aquí es que el capitalismo siempre ha sido, y es, un sistema de asesinatos en masa. Millones de personas mueren prematuramente como resultado de la extrema desigualdad que genera un sistema de privación en masa, dejando atrás a miles de millones de almas desafortunadas incapaces de satisfacer sus necesidades más básicas.

Cuando a los líderes gubernamentales y empresariales se les piden soluciones a problemas como el desastre climático, juegan a una serie de juegos. Primero, a la negación rotunda. Después, a la representación de un espectáculo de preocupación en forma de conferencia internacional repleta de líderes mundiales pronunciando discursos grandiosos y ofreciendo más de eso que Greta Thunberg identifica como «bla, bla, bla». Y, en tercer lugar, a la invocación de algún milagro tecnoutópico, con la confianza de que la inventiva empresarial hará cosas como que la captura de carbono sea más eficiente y rentable, comercialmente hablando. No hay nada de qué preocuparse, se nos dice; la «mano invisible» se encargará de todos nuestros problemas. Confían, o pretenden confiar, en que el capital traerá soluciones, a la vez que se construyen búnkeres de alta seguridad en los que se imaginan salvados como el pequeño topo subterráneo del cuento de Franz Kafka (al que nos referiremos en el próximo capítulo). Pero esperar milagros tecnológicos condicionados por las tasas de ganancia no es un buen augurio, menos aún a medida que nos acercamos, y cruzamos, los límites y puntos de inflexión climáticos.

El «código rojo para la humanidad», tal y como lo describió el Secretario General de la ONU en 2021, al referirse al informe del Grupo Intergubernamental de Expertos sobre el Cambio Climático, resulta ser el suicidio global de la humanidad, gestionado políticamente. Y, para asegurarse de que esto suceda, no existe ningún plan de prevención. Señalar la falta de voluntad del Estado y del capital para detener este desastre es señalar la *voluntad del Estado y del capital de permitir que suceda*. La acumulación del capital no debe ser detenida, incluso si esto significa que la humanidad debe morir en el proceso. Tales son las tendencias suicidas, homicidas y genocidas del capital y su Estado.

Estamos atrapados en un sistema que nos necesita para seguir trabajando o perecer, o trabajar y perecer. Los cuerpos se sepultan, el espectáculo debe continuar. El trabajo, la extracción y el consumo son obligatorios porque la participación en el mercado es obligatoria. No hay derecho a la supervivencia. La supervivencia es una mercancía al alcance de unos pocos, tal y como deja claro la obsesión de los multimillonarios por su propia inmortalidad. El resto de nosotros simplemente no tenemos ni tendremos lo suficiente para sobrevivir; deberemos perecer.

Frente a estas realidades, y a la *resistencia masiva que provocan,* ¿cuál es la respuesta de los gobiernos que dicen representarnos? Una respuesta es la coerción y la represión directas. Declarar toda oposición terrorista, prohibir las protestas, desplegar las tecnologías de la violencia. Esta respuesta es muy popular entre un creciente número de gobiernos de derecha populista, y sus técnicas las han aprendido tanto de la teoría y la práctica de la democracia liberal como de la evidencia histórica de la disposición del Estado capitalista a dar un giro fascista. Una segunda respuesta consiste en poner en marcha la notable capacidad del Estado para nutrirse de las fuerzas de oposición y subsumirlas en formas de administración política (en algún punto entre estas dos respuestas está la de los gobiernos y la clase dominante frente a la acción de millones de jóvenes en una protesta estudiantil liderada por Thunberg: «jóvenes, vuelvan a la escuela»). Una tercera respuesta sería la de valorizar las luchas y crear nuevas oportunidades de beneficio: la resistencia, el disenso y la oposición son, como todo lo demás, fáciles de transformar en mercancías; la contracultura se convierte en cultura. Detrás de estas capacidades de reprimir, subsumir y mercantilizar se esconde una noción unificadora, un término y una misión que todo lo une: ¡Seguridad!

Declarar «¡Seguridad!» no es en absoluto algo nuevo. Seguridad, no libertad, es el concepto clave del liberalismo. Si bien la seguridad tiene una larga historia que se remonta a la República romana, su uso moderno se desarrolla lentamente y sigue el desarrollo del sistema-mundo capitalista. En el Renacimiento, los líderes e intelectuales de las ciudades-estado italianas se apropiaron de la seguridad desde el pensamiento cristiano como un término que significaba tanto la compostura subjetiva interna como el sentido objetivo externo de la seguridad pública. Algunos pensadores burgueses como Thomas Hobbes enfatizaron esto último, vinculando la seguridad al poder soberano y al Estado, mientras que otros de tendencia más liberal, como John Locke y Adam Smith, enfatizaron el sentido subjetivo, si bien reemplazando la seguridad espiritual de la sumisión a Dios por la seguridad material obtenida a través de la propiedad privada. Muchos de estos pensadores resaltaron también la inestabilidad inherente del sistema de mercado, al que veían como una amenaza potencial para la propiedad privada debido a la volatilidad de la clases sometidas. G.W.F. Hegel y Patrick Colquhoun, por ejemplo, subrayaron la necesidad de que el mercado fuera administrado y vigilado en nombre de la seguridad. Cuando Marx dijo que la seguridad era el concepto supremo de la sociedad burguesa, la idea ya estaba firmemente arraigada en el pensamiento liberal: seguridad, propiedad y libertad, tan estrechamente unidas que se volvieron inseparables cual santísima trinidad del pensamiento liberal. En el siglo XX la seguridad se volvió aún más omnipresente. Bajo la rúbrica de «seguridad social» se convirtió en el marco principal para abordar problemas sociales internos, mientras que la «seguridad nacional» proporcionó la lógica infinita y flexible que permite que la «seguridad» se adhiera a todas y cada una de las cuestiones.

La «¡Seguridad!» como estribillo ha apuntalado el imaginario capitalista desde sus inicios, normalizando ya no solo la explotación y la dominación, sino también el sistema de muerte en masa en el que estamos atrapados. La clase dominante se halla tan bien abastecida por el trabajo inseguro, que adopta resueltamente el principio de que a los esclavos asalariados debe asegurarles su existencia dentro de su propia esclavitud; al mismo tiempo, por supuesto, que se ocupa de asegurar su propio poder. Lo que ha quedado claro en las últimas décadas, sin embargo, es un marcado aumento en la intensidad del estribillo. «¡Seguridad!» como legitimación y demanda. «¡Seguridad!», la carta de triunfo que la clase dominante se saca una y otra vez de la manga. «¡Seguridad!» como explicación de cualquier cosa y de todo, siempre y otra vez, unida a todos y cada uno a la vez. ¿Crisis climática? ¡Seguridad ambiental! ¿Hambruna masiva y hambre? ¡Seguridad alimentaria! ¿Inaccesibilidad y gasto de agua dulce? ¡Seguridad hídrica! ¿Aumento vertiginoso de los precios del gas, la electricidad y el petróleo? ¡Seguridad energética! ¿Incapacidad de las personas para acceder a la atención médica y tratamiento decentes? ¡Seguridad sanitaria! ¿Nuevos virus destructivos de la vida de millones de personas? ¡Bioseguridad! Y así todo el tiempo, «¡Seguridad!» anunciada no solo como la solución a cada crisis, sino como respuesta a cada necesidad humana. Tan arraigada está esta idea, que en mayo de 2023 una de las figuras de uno de los principales partidos «progresistas» de Europa, Rachel Reeves, del Partido Laborista británico, habló en Washington sobre la nueva gran idea del partido: *securonomics*. Identificando nuestra época como la «era de la inseguridad», Reeves anunció que el enfoque de los gobiernos debe orientarse hacia «la seguridad económica de una nación». *Securonomics* es un término destinado a hacernos pensar en la «seguridad económica», en el sentido de la seguridad de la economía, pero uno de los principios rectores que la sustentan como idea es dirigir más fondos públicos hacia acciones definidas en términos de seguridad.

«¡Seguridad!» tiene la intención de convencernos de que este orden de cosas es natural, inevitable y deseable, que esto es libertad, y que esto debe ser defendido. «De la seguridad viene la esperanza», comentó Reeves en su discurso sobre *securonomics*. Insistimos en lo contrario, tal como lo articuló Ernst Bloch en una discusión con Theodor Adorno sobre las contradicciones del anhelo utópico: «la esperanza es lo opuesto a la seguridad».

Todo esto plantea una pregunta obvia: ¿cómo ha funcionado esta intensificación de «¡Seguridad!» y sus innumerables subvalores para nosotros? Nos cuentan una historia de seguridad alimentaria y mientras los niños van a la escuela con hambre, la gente hace cola en los bancos de alimentos, y el Programa Mundial de Alimentos de la ONU informa de que 345 millones de personas estuvieron «al borde de la inanición» en 2022. Los que mandan, todo lo dominan, se comprometen con la seguridad sanitaria; ¿se siente usted mejor ahora? Hablan de seguridad hídrica, un compromiso no plenamente apreciado por los 780 millones de personas en el mundo que carecen de acceso al agua potable. Dicen que están comprometidos con la seguridad ambiental; ¿está pensando cómodamente en el futuro? La bioseguridad está de moda, pero los virus siguen llegando, año tras año, cada vez más amenazantes (se propagan a través de los mismos mecanismos creados por el capital). ¿A dónde nos lleva realmente toda esta charla sobre seguridad? A ninguna parte. O, ciertamente, a ningún lugar muy deseable o justo.

Seamos claros: «¡Seguridad!» no trata acerca de la satisfacción de las necesidades humanas. Tampoco de la gestión de capacidades para satisfacer esas necesidades. Más bien, está diseñada explícitamente para mantener una separación entre las necesidades y las capacidades humanas. Este es el verdadero significado de la «delgada línea azul» de la mitología policial, a la que luego nos referiremos. La seguridad crea y vigila esta frontera. La seguridad es lo opuesto a la abundancia, de la que también hablaremos más adelante.

Por lo tanto, estamos atrapados en una sociedad de máxima seguridad. Dado que un significado de «seguro» es «incapaz de escapar» (la «unidad segura», la «prisión de alta seguridad»), hay una fuerte tendencia a la resignación. No hay salida. Así son las cosas. Pero los intentos de fuga vienen de muchas formas. Nuestra huida, que significa nada menos que liberación y supervivencia, consiste no sólo en desafiar a las instituciones del «estado de seguridad», sino también en resistir a una vida bajo la retórica, la ideología y los proyectos materiales de la seguridad. Esto significa una crítica de la seguridad como la principal ilusión a través de la cual se organiza la sociedad moderna. Significa una crítica a la ilusión de seguridad y a una sociedad obsesionada con dicha ilusión. Pero significa necesariamente algo más que mera crítica. También significa rechazar la pretensión de que la seguridad es un bien social o *buena* de alguna manera. ¿Qué sucede cuando rechazamos lo que nos dicen que es sensato, de sentido común, u obvio? Una respuesta es descubrir que tales cosas no son en absoluto obvias. Para nosotros, el rechazo a la seguridad abre nuevas posibilidades políticas y respuestas en la coyuntura actual. Significa *la abolición de la seguridad*.

Hablar de abolición de la seguridad es comprometerse con el sentido tenor abolicionista de la política radical contemporánea. Una política abolicionista que, en primer lugar, identifica y llama la atención sobre las instituciones represivas generadas por la política de seguridad —la policía y las cárceles en primera instancia— pero también sobre el poder de la guerra y las fronteras en torno de las que se gobiernan una parte significativa de nuestras vidas y dividen a la humanidad. A partir de nuestro trabajo colectivo previo de crítica de la seguridad y con el objetivo de desmantelar su poder hegemónico (ver Apéndice), proponemos poner en valor las innumerables formas de compartir el impulso, empuje y demandas de la política abolicionista. Sin embargo, anunciar aquí una reivindicación amplia, nada menos que de la abolición de la seguridad, implica también cuestionar las maneras problemáticas con las que la política abolicionista continúa invocando el principio de seguridad.

Este es por ejemplo el caso del suplemento sobre abolicionismo que apareció en un número de *Harvard Law Review* en 2019 (número 6 del volumen 132). El artículo inicial, de Dylan Rodríguez, anuncia que las contribuciones pretenden «desafiar un sentido común entre liberal y reaccionario... que rechaza la creatividad abolicionista». Esta creatividad implica imaginar la abolición de las estructuras de poder carcelario que causan tanta miseria, en particular la policía y las prisiones. Un objetivo, sin duda, deseable. Sin embargo, uno de los propósitos de ese argumento es facilitar una *nueva* noción de seguridad más allá de la que reside en el «poder carcelario». La seguridad debe ir de la mano de la «libertad», en lugar de la disciplina y del castigo. Por lo tanto, llegamos a una demanda de «seguridad y libertad» que requiere una «desviación decisiva de las demandas de las políticas reformistas» y que nos lleva a una nueva conjunción: liberación *con* seguridad. En otro artículo de la colección, «Envisioning Abolition Democracy» de Allegra McLeod, este hecho significa pensar en la abolición como la organización de «nuevas formas de seguridad colectiva que no dependan de las fuerzas policiales o de las cárceles». Los abolicionistas con esta perspectiva, «buscan construir un poder democrático local para reinvertir los recursos públicos en proyectos que realmente proporcionen una seguridad real». De este modo, «los abolicionistas reimaginan y logran una mayor seguridad colectiva al tiempo que amplían y profundizan el compromiso democrático».

Esta demanda de alguna *nueva forma de seguridad* en el contexto de la demanda radical de una política abolicionista no es infrecuente. Refleja el dominio de la seguridad sobre nuestra imaginación política, incluida la radical. Aparece una y otra vez en la literatura abolicionista. En *Un mundo sin policía* (2021), Geo Maher nos invita a imaginar la construcción de un «mundo que queramos ver, de seguridad, igualdad y libertad», que involucre a «colectivos de seguridad autogestionados». Teniendo en cuenta que el talón de Aquiles de todas las organizaciones de vigilancia vecinal es que a menudo reproducen la vigilancia y desigualdad del mundo que las rodea, la demanda es repensar y restablecer la seguridad comunal como una tarea colectiva. O quizás, como plantea Marisol LeBrón en *La vida y la muerte ante el poder policial* (2019), podríamos organizarnos colectivamente para construir «seguridad desde abajo». «La seguridad no es posible mientras se ignore la salud física, mental y espiritual de nuestras comunidades», escribe Angela Davis en su introducción a una reciente colección de inspiradores ensayos abolicionistas llamada *Abolition for the People* (2021). La observación es acertada, pero podría firmarla cualquier político. En otro lugar, en *Democracia de la abolición* (2005), Davis hace una afirmación más contundente: «Uno de nuestros principales desafíos es reconceptualizar la noción de "seguridad"». Pero, ¿cómo podemos hacer que el mundo sea seguro? ¿Qué podría significar esta pregunta? «Este enfoque de la seguridad como vigilancia interna y externa ayuda a fabricar el miedo omnipresente que hace que las personas ignoren aquellas dimensiones de la seguridad que requerirían atención, cuestiones como la atención médica, la educación y la vivienda». Abundan los ejemplos de este imperativo para reformar la seguridad al servicio de objetivos radicales, pero no es necesario extenderse.

Seamos claros: los escritos y movimientos abolicionistas han sido cruciales para la teoría y la práctica radicales; estamos profundamente en deuda con ellos. Pero también somos conscientes de que esas propuestas de abolicionismo radical se ven a menudo reducidas por su compromiso con reformar o rehabilitar la seguridad como parte de un horizonte posibilista. Resistir a este compromiso a través de la crítica a la seguridad es algo que venimos haciendo desde hace dos décadas. Hasta ahora, esta crítica ha estado desconectada de las luchas populares para detener el daño en nombre de la «seguridad» y a favor de abolir los diversos aparatos de seguridad. Los abolicionistas, por el contrario, han estado muy cerca de estas luchas, pero a menudo les ha resultado difícil ampliar su alcance y escalar a una crítica sistemática de la seguridad y su poder. La unión de estos trabajos abre un horizonte más amplio de posibilidades radicales. La pregunta, entonces, se vuelve algo diferente: ¿por qué imaginar en primer lugar necesidades fundamentales como la vivienda, el cuidado y la educación como «dimensiones de la seguridad»? ¿Por qué no liberarlos por completo de la lógica de la seguridad e imaginarlos como necesidades humanas fundamentales que debemos tratar de satisfacer? ¿Por qué no pensar en estas cosas fuera y más allá de la seguridad? ¿Por qué no eliminar la seguridad de la ecuación y esperar a qué podemos ver?

La demanda por nuevas formas de seguridad, y especialmente el deseo de unir la seguridad y la libertad (coincidiendo con el ala académica de la industria de la seguridad), en parte refleja las necesidades de las comunidades frente a la violencia implacable de la dominación capitalista policial. Pero esos intentos de rehabilitar la seguridad también evidencian, si es que se necesitaban más pruebas, hasta qué punto la seguridad coloniza la imaginación y lo atrapados que estamos en el imaginario capitalista. Una vez más, debemos ser claros: impresiona lo que gran parte del trabajo abolicionista se propone ser –y en muchos sentidos *es* —audaz, desafiante y contraintuitivo—. «Sueña salvajemente» con una «visión política radical», insisten los autores de *Abolition Now! Ten Years of Strategy and Struggle Against the Prison Industrial Complex* (2008). Sin embargo, la visión es de «libertad, comunidad y [...] seguridad». Al desafiar el *sentido común* que va de lo liberal a lo reaccionario que rechaza la creatividad abolicionista, como insiste Rodríguez, el impulso abolicionista es evitar «languidecer en nociones simplistas de "lo que es práctico", "lo que es realista", "lo que la gente entenderá/aceptará/hará", o incluso "lo que debe ser reformado primero/ahora/pronto"». Tal como se explica en una nota a pie de página, el uso del «sentido común» es una inflexión de la concepción de Antonio Gramsci sobre el consenso popular que es el proyecto del poder hegemónico. Sin embargo, si hay algo que nos inculcan una y otra vez, ¿no es que la seguridad es simplemente sentido común?

Por cierto, la seguridad es «sentido común» porque *la seguridad es hegemonía*. Precisamente por esto es tan problemático el recurso abolicionista a nociones de seguridad de «sentido común». En términos de Gramsci, el sentido común es el «rasgo difuso y descoordinado de una forma general de pensamiento común en un período y ambiente popular particulares». El sentido común es contradictorio: «un agregado caótico de concepciones dispares donde puede hallarse lo que se quiera». De este modo, la seguridad se adhiere a todo, incluidas algunas de las más interesantes energías y teorizaciones abolicionistas corrientes. La seguridad es sentido común porque es hegemonía, pero también porque, al igual que la mercancía, se manifiesta como fetiche, concepto al que volveremos más adelante.

¿Cómo salir del marasmo intelectual del sentido común? Gramsci contrapone el sentido común al «buen sentido», que es coherente y crítico. El buen sentido se ejemplifica con la «filosofía de la praxis», un término que utilizó en lugar de «marxismo» para que sus cuadernos pudieran pasar por los censores de la prisión. El «buen sentido» no es un hecho que espera ser descubierto, sino que puede crearse a partir del sentido común a través de una acción política y pedagógica deliberada. La política radical comienza con las relaciones y prácticas existentes que llegan al núcleo de los problemas y se basan en ellos. De esta manera, expande el horizonte de posibilidad en lugar de aceptar y operar dentro del «sentido común». Este proceso implica «renovar y hacer "crítica" una actividad ya existente». Si vamos a resistirnos a sucumbir a lo que es práctico, realista o de sentido común, entonces no podemos recurrir a lo que nos dicen que es todas estas cosas, a saber, la seguridad. De hecho, la organización abolicionista a menudo encarna este punto. El programa Green Chairs, Not Green Lights [Sillas verdes, en lugar de luces verdes] en Detroit, por ejemplo, se contrapone al Proyecto Green Light [Luz verde], la iniciativa público-privada de Detroit para instalar cámaras de vigilancia monitorizables desde las comisarías en tiempo real. En respuesta, una serie de organizaciones comunitarias se unieron para distribuir sillas verdes a los miembros de la comunidad que, en palabras de uno de los principales organizadores, se ofrecieron como voluntarios para «sentarse en los porches en nuestras sillas verdes y cuidarse unos a otros». Mientras que el Proyecto Luz Verde se basa en la idea de que el delito y el crimen son inevitables, que las comunidades son fundamentalmente violentas y que, por lo tanto, es necesaria una vigilancia policial constante, Green Chairs, Not Green Lights representa su antítesis: un rechazo a tales reclamos de seguridad y un ejercicio comunal que hace que la protección y el bienestar sean consecuencia de la vida en común, no una condición privada limitada por la propiedad y asegurada por el poder policial. Tal como han subrayado los organizadores, «la delincuencia no es inevitable, la presencia policial no es inevitable. [...] Podemos tener una resolución y desescalada pacífica de los conflictos, donde no todos los incidentes necesiten la intervención policial». Al igual que muchos proyectos abolicionistas, Green Chairs, Not Green Lights se basa en una idea que también es fundamental para la anti-seguridad: somos la realización de la libertad de los demás, no obstáculos para ella (como veremos en el capítulo 5, esto lo encontramos muy a menudo cuando las personas se movilizan en tiempos de crisis).

Si muchos abolicionistas están desafiando implícitamente la seguridad en sus visiones y acciones en aspectos cruciales, ¿por qué la «seguridad» reaparece en las críticas abolicionistas? Hay una razón que ya hemos señalado: la seguridad ha tenido un éxito notable al colonizar la imaginación humana y atraernos a su trampa. Sin embargo, creemos que existe una razón adicional: las tendencias abolicionistas se establecen centrándose en una o más de las instituciones del archipiélago carcelario. Este enfoque institucional ha sido necesario y fructífero. Ha facilitado la investigación que sustenta las críticas a las instituciones en cuestión y permite a los grupos organizarse mas efectivamente en relación con las condiciones materiales y las arquitecturas institucionales existentes, dando lugar así a demandas específicas: «Sí, literalmente queremos abolir la policía», como expresó Mariam Kaba en un artículo de opinión del *New York Times* de 2020. Sin embargo, este enfoque institucional predominante tiene un problema triple.

El problema inicial radica en la idea misma de tratar de abolir una de las instituciones clave del estado capitalista— la policía uniformada o la cárcel— sin preguntarse primero por qué existe esa institución. Tal como señalan a menudo los textos abolicionistas, esa pregunta requiere una respuesta que relacione la institución con el capitalismo en su conjunto, y no simplemente como una noción estrecha (por ejemplo, «criminalidad»). De esta manera, el único argumento que tiene algún sentido a favor de la abolición de instituciones como la policía o la cárcel es el que aboga por la abolición de la sociedad que las requiere. Este es un punto señalado por voces tan diversas como Ruth Wilson Gilmore, Stefano Harney y Fred Moten, y el Abolition Collective. «El objeto de la abolición tendría entonces una semejanza con el comunismo», añaden Harney y Moten en *The Undercommons* (2013). De hecho, esta es la razón por la que el uso del término «abolición» puede compararse con el uso del término «revolución», como señalan Davis y sus colegas, y que consideraremos más a fondo en los dos capítulos siguientes. De igual modo, abolir la seguridad es abolir una sociedad organizada en torno a la ilusión de la seguridad. El comunismo, sin embargo, requiere algo mucho más ambicioso que la abolición de x o y. Como dice Gilmore en *Abolition Geography* [Geografía de la abolición] (2022), «la abolición es una teoría de la vida social». La abolición es una teoría del cambio social y un intento de cambiar significativamente el mundo y de derrocar lo que Gilmore llama «lo mismo cambiante». Pincha a un abolicionista serio, al menos uno identificado como tal antes de la popularización de esta perspectiva tras la rebelión de George Floyd, y encontrarás a un comunista o a un anarquista.

Segundo problema: el enfoque institucional de gran parte de la política abolicionista se centra en las instituciones «duras», esas instituciones clave de lo que podría llamarse el aparato estatal represivo. La policía y las cárceles, las más obvias, son deficientes y están sujetas a una critica mordaz (y legítima). Pero, en la mayoría de los casos, las propias instituciones y sus funciones son reemplazadas por otras instituciones «más blandas». El problema es que estas instituciones más blandas son parte de una maquinaria policial generalizada, lo que llamamos la policía social.

El tercer problema con el enfoque institucional es que debido a que esas instituciones tienden a explicarse y justificarse a través de la lógica de la seguridad (el «sentido común» de la policía y las cárceles es precisamente eso), los argumentos abolicionistas tienden a recurrir a alguna visión alternativa (léase «más significativa» o «inclusiva») de la seguridad. Dado que, como se defiende, el poder policial existe e interviene en nuestras vidas por razones de seguridad, siempre surge la pregunta: si la institución carcelaria en cuestión es abolida, ¿cómo se organiza la seguridad? Aquí es donde la imaginación abolicionista comienza a desmoronarse, y se presentan iteraciones de «nueva seguridad», «seguridad y libertad», «seguridad desde abajo», «seguridad comunitaria», «seguridad democrática», etcétera. El programa para la abolición de las instituciones del poder carcelario no ve que la base de todas ellas es la retórica y la ideología de la seguridad. En lugar de desafiar dicha retórica e ideología, algunas tendencias abolicionistas sucumben a ella. No han sabido ver que la seguridad es una ilusión que ha olvidado que es una ilusión. El resultado es una nueva iteración de la misma ilusión, un intento infructuoso de tratar de vestir al emperador.

La abolición de la seguridad es, por lo tanto, un argumento no sólo en contra de las modalidades de seguridad que tenemos disponibles, sino también en contra de la creencia de que hay una mejor forma de seguridad esperando que ésta se establezca «desde abajo», «comunitariamente», «democráticamente». Tal creencia es parte de la lógica totalizadora y del poder ilusorio de la seguridad. Por lo tanto, este *Manifiesto* ha sido escrito *contra la seguridad*, por supuesto, pero también como un llamamiento a abandonar *nuestras ilusiones sobre la seguridad*. Dicho de otro modo, y siguiendo a Marx, debemos renunciar a una condición que requiera hacerse ilusiones. La abolición de la seguridad no entra en ninguna institución. Es un intento de imaginar la política de otra manera. Es un salto hacia la imaginación política.

En el mejor de los casos, el abolicionismo es precisamente esa llamada. En *No More Police: A Case for Abolition* [No más policía: un argumento por la abolición] (2022), Andrea Ritchie y Mariame Kaba llaman a abolir no solo la policía uniformada, sino también el poder policial en general. De este modo, rechazan la noción de sentido común de los policías como agentes de la ley, y abordan en cambio al poder policial como fabricación sistemática del orden social. «La policía es la antítesis de los comunes», argumentan. «Su rol original y constante es vigilar quién obtiene qué y cuándo, todo con el propósito de facilitar la acumulación de riqueza». De esta manera, evitan el enfoque circunscrito a una institución en particular y muestran cómo el poder policial —incluyendo los poderes policiales «blandos» como el trabajo social o la sanidad y educación— opera para producir y mantener relaciones sociales capitalistas. En la perspectiva de Ritchie y Kaba, entonces, la finalidad de la abolición es, de hecho, mayor que la de abolir «x» o «y»: «Significa abolir el orden social que privatiza y controla los bienes comunes para que podamos construir una nueva sociedad y formas de gobernanza que restablezcan los bienes comunes y aumenten su sostenibilidad. [...] El objetivo es el florecer colectivo y

el reconocimiento de nuestra humanidad compartida».
Estamos de acuerdo. Pero sostenemos que es necesario ir más lejos. Sólo extendiendo este análisis hasta la seguridad podremos aprehender plenamente el desafío del proyecto abolicionista. Una vez más, la tarea no es la abolición de «x» o «y», sino la eliminación de la *delgada línea azul*[1] que separa nuestras necesidades de nuestra capacidad de realizarlas. Nuestra tarea, en otras palabras, es la materialización del comunismo.

---

1   *The thin blue line* en el original: expresión metafórica que, haciendo alusión al color azul de los uniformes, se refiere al papel que la policía ocupa en la sociedad dividiéndola entre el «orden» y el «caos social». Se explica con mayor profundidad a continuación. [N. de E.].

2

LA DELGADA LÍNEA AZUL

A finales del verano de 2022, ante el fuerte aumento de los precios de la energía, la inflación y la pobreza en Europa, el presidente de Francia Emmanuel Macron anunció el «fin de la abundancia», que defendió en términos de salvación del planeta. Lo que no dijo, por razones obvias, es que el nudo gordiano de ese problema es el capital. Éste, junto con su poder policial, bloquea artificialmente la abundancia. Lo que en realidad anunciaba Macron era el fin de un mito: el mito de la abundancia.

El capitalismo es un sistema de producción global de mercancías basado en la apropiación, la alienación y la explotación del trabajo humano y de la naturaleza. Su objetivo fue la expropiación mundial permanente a través de la destrucción de los bienes comunes, la expulsión de las personas de las tierras comunales y la separación de las personas de los medios de producción. Hoy en día, este orden social se justifica y controla mediante el mito de la «delgada línea azul» de la seguridad. El discurso de la seguridad presenta la «delgada línea azul» como la frontera entre la civilización y el salvajismo, el orden y el caos. *La línea no es más que otra mentira.*

De hecho, el eufemismo de la «delgada línea azul» representa el mito que mantiene vigente este orden. Como nos recuerdan David Correia y Tyler Wall en su guía práctica sobre el lenguaje policial, el poder de la metáfora de la «delgada línea azul» es performativo, ya que depende de la promesa del orden como barricada para contener a las hordas bárbaras. Inspirado en el poema «Tommy» de Rudyard Kipling que describe la «delgada línea roja de los héroes» que regresan de la Guerra de Crimea, nos recuerda que el poder policial es la guerra. Asimismo, la «delgada línea azul» marca la guerra policial a través de la cual se constituye y defiende la propiedad privada. «La delgada línea azul» permite expropiar los bienes comunes y repartirlos entre la burguesía. Después de todo, históricamente, los comunes tuvieron que ser *asegurados*, lo que en este caso significa *borrados*.

La propiedad privada y el trabajo asalariado se fabricaron y fabrican mediante la «delgada línea azul». La delgada línea azul es parte de los mecanismos de desposesión.

Dicha desposesión comenzó en el siglo XII. El capitalismo de las ciudades-estado italianas se apropió de tierras y esclavizó a personas, levantando un complejo sistema de plantaciones de azúcar en el Mediterráneo oriental que prefiguró la trata de esclavos y el sistema de plantaciones en el Atlántico. A mediados del siglo XV, con la llegada de los genoveses a Madeira, comenzaron las formas de esclavitud capitalista en África. Mientras que los comerciantes de las ciudades-estado italianas fueron pioneros en la apropiación capitalista del trabajo a través de la esclavitud, los nobles y las élites inglesas construyeron una sociedad organizada en torno a la explotación del trabajo asalariado. A partir del siglo XIII, en Inglaterra, los poderosos comenzaron a vallar tierras a través de leyes que permitieron cercamientos masivos, despojando y expulsando al campesinado y negándole sus derechos de acceso a ríos, bosques y otros recursos esenciales.

Estos hechos definen los momentos históricos que inauguran el sistema capitalista global, que revelan cómo la apropiación de la tierra y los cercamientos fueron instrumentales para el capital y la gestión de las sociedades capitalistas. La propiedad se creó mediante el robo: mediante la desposesión de las personas de sus tierras comunales (propiedad territorial); mediante la desposesión de los individuos de sus cuerpos (esclavitud) y el robo de tiempo (trabajo asalariado); mediante el cercamiento y la objetivación del conocimiento, las costumbres y las prácticas comunes compartidas (propiedad intelectual). El desarrollo y la expansión del capital se basaron en estas formas artificiales de escasez, a medida que los cercamientos y separaciones adquirieron nuevas formas, obligando a la gente a someterse a la propiedad privada. De diferentes maneras (convirtiéndose en propiedad mobiliaria, vendiendo tiempo de trabajo a cambio de un salario, realizando trabajo doméstico no remunerado para reproducir el hogar y a los trabajadores), la mayoría de la humanidad fue puesta a trabajar continuamente para acceder a bienes básicos, como los alimentos o la vivienda, en forma de mercancías. Esta atomización —la destrucción sistemática de la vida comunal y su reorganización a través de la forma mercancía— es la relación más básica y abstracta que sustenta el Estado moderno y su aparato de seguridad. Mientras la oferta aparentemente interminable de mercancías evoca la abundancia, para imponernos ese resplandeciente mundo mercantilizado, el capital refuerza la escasez y la ideología que la justifica, al tiempo que se nos dice que el capital es abundancia («nunca hemos estado tan bien»). Es aquí donde los aparatos policiales y de seguridad se vuelven esenciales.

El Estado, a través de la delgada línea azul, actúa como garante del circuito fundacional del capital: Dinero – Mercancía – Dinero' (D-M-D'). Una vez que el valor se convierte en el principio mediador central de la organización social, cada momento en el circuito del capital deja de ser un momento distinto en una cadena de acontecimientos y, en su lugar, se convierte en una expresión más del valor en una dinámica red de relaciones sin un punto de partida claro. La valorización del capital es el resultado de un proceso extraordinariamente complejo que se desarrolla de modo que oscurece sus condiciones sociales. En el caso Mercancía – Dinero – Mercancía' (M-D-M'), la M' se distingue de M de forma cualitativa, al señalar la satisfacción de alguna necesidad. Sin embargo, en el caso D-M-D', la distinción entre D' y D es cuantitativa. En el caso de M-D-M', lo primordial es el movimiento del valor de uso de modo que el circuito tiene un propósito racional aun cuando todos sus elementos tienen el mismo valor, ya que su valor de uso satisface alguna necesidad humana. Pero en el caso de D-M-D', la repetición requiere que las variaciones de valor de D-D' no tengan nada que ver más que con la acumulación de valor. Es un proceso de acumulación cuyo propósito es la búsqueda de la cantidad, la riqueza en abstracto, sin límite alguno.

Así, a diferencia de M-D-M', en el que el proceso concluye una vez que el valor de uso se haya consumido al satisfacer las necesidades y luego sale de circulación, en el circuito D-M-D' el proceso es continuo: D-M-D'-M-D"-M-D"'... y así sucesivamente, *ad infinitum*. Este es un movimiento, como Marx insistió una y otra vez, para el cual no hay límites, que no tiene fin y que siempre está en expansión. Es un movimiento del dinero en busca de más dinero, revelando la naturaleza misma del capital para acumular. El circuito D-M-D' expresa así la irracionalidad fundamental del mundo capitalista. Con D-M-D', empezamos a descubrir el mundo en el que el dinero aparece como una sustancia independiente dotada de un movimiento e incluso de vida propia. El dinero se presenta como una sustancia viva en busca de más dinero. Pero también descubrimos algo más, ya que ese movimiento anticipa la división de clases de la sociedad. Aquellos que entran al mercado con dinero constituyen una sección de la sociedad con riqueza independientemente de la circulación. Se trata de un reducido sector de la sociedad conocido como la clase capitalista (en breve abordaremos la violencia histórica a través de la cual esta clase llegó a poseer esa riqueza). Pero, antes, cabe una cuestión básica: ¿qué llevamos el resto de nosotros al mercado? Puesto que no es dinero, debe ser una mercancía que ya poseemos. Nuestro circuito es M D M': entramos en el mercado como vendedores y salimos como compradores. Pero, ¿qué mercancía vendemos? Lo único que tenemos es nuestra capacidad de trabajo y, por lo tanto, nuestra voluntad tanto como nuestra capacidad y necesidad de trabajar. Para ello, debemos constituirnos en trabajadores asalariados. Debemos constituirnos como individuos sin nada que vender más que nuestra fuerza de trabajo y cuyo interés se define como ganar dinero. Debemos constituirnos como individuos posesivos, *contra* la vida comunal y dispuestos a renunciar a la posibilidad de la abundancia de los comunes en aras del consumo.

¿A qué nos referimos cuando hablamos de vida comunal? ¿Qué entendemos por abundancia?

Existe una alternativa al capital y a la idiotez atomizada de la vida burguesa. Son los comunes, entendidos tanto como propiedad compartida y producción no mercantil (el procomún) como conocimiento y organización comunal de la vida (prácticas comunales). Los sistemas comunales son un universal global: el sistema alemán Mark, el sistema Rundale en Gran Bretaña e Irlanda, el Mir ruso, las economías naturales del Perú y México precolombinos, y la Gran Ley de Paz de los Haudenosaunee. Estos son los ejemplos que estudiaron Marx y Engels, pero la lista podría expandirse indefinidamente con ejemplos de todas las regiones del mundo. La resistencia al capitalismo debe ser una defensa de los comunes. Estas formas comunales y la resistencia al capitalismo que engendraron representaban, para el último Marx, un camino hacia el comunismo.

El capitalismo es la negación de los comunes. El comunismo es la negación del capitalismo, la negación de la negación, o bien la recreación de los comunes a escala universal. El devenir de los comunes es el devenir de la comunidad real.

La abundancia no es la apropiación de la naturaleza. Tampoco es la dependencia y el dominio que permite a unos reclamar el trabajo de otros. La abundancia no es la acumulación de mercancías. Tampoco es una acumulación de riqueza en forma de dinero. La abundancia no es la producción de mercancías para la gratificación. Tampoco se trata de la racionalización de los recursos, por ejemplo, de la industria armamentística hacia otras formas de administración política. La abundancia presupone que la propiedad privada ya no existe y que la capacidad humana de trabajar no es tratada como una mercancía o como precondición del trabajo asalariado y la producción de mercancías, así como en el «trabajo doméstico» o el «trabajo de las mujeres». En la abundancia prevalece la solidaridad, y el trabajo necesario se reduce al mínimo. La abundancia, en otras palabras, es la *unidad de las necesidades y capacidades humanas*, donde el trabajo comunal sustenta la vida de las personas bajo el principio articulado por Marx: «De cada uno según sus capacidades, a cada uno según sus necesidades» (prueba a exponer este principio a amigos y familiares para descubrir lo rápida e instintivamente que lo comparten). La abundancia es comunismo.

De esta manera, la historia del poder policial es la historia de la eliminación sistemática de los comunes. Eso no fue una consecuencia imprevista o un efecto de la expansión del mercado. Los comunes fueron sistemáticamente pacificados.

Durante décadas, bajo el movimiento de cercamientos, el desplazamiento forzado del campesinado feudal por parte de sheriffs armados definió la esencia del proyecto policial. A finales del siglo XVIII, Patrick Colquhoun, el inventor del sistema policial angloamericano, explicaba que los comunes eran un obstáculo crucial para el establecimiento del capitalismo. Mientras Colquhoun abogaba por el primer cuerpo de policía en el río Támesis en 1800, e imploraba al *establishment* inglés para que fundara una «policía de los pobres» en Londres, a fin de controlar a los vagabundos, estaba obsesionado con la eliminación de todas las tierras comunales. En su *Treatise on the Police of the Metropolis*

[Tratado sobre la policía de la metrópoli] (1796) lamentaba la persistencia de las tierras comunales en Inglaterra. Advertía que esos lugares albergaban «bandoleros» y «salteadores de caminos» y otras figuras nefastas que coexistían sin orden junto a sus cerdos y aves de corral, y que vivían libremente en cabañas, mientras participaban en lo que él llamaba «la práctica bárbara de explotar las turberas». La explotación de las turberas consistía en raspar la turba de las rocas de las tierras comunales para alimentar las propias estufas. Esta práctica consuetudinaria iba a prohibirse junto con el acceso a los mismos comunes. En efecto, se trataba de prohibir todas las formas no capitalistas de subsistencia. En su lugar, las tierras comunales iban a ser divididas, cercadas y privatizadas. Esta era la única manera en que se podrían volver productivas para el capital. La policía se aseguraría de que los trabajadores trabajaran. No quedaría refugio alguno. Venda su fuerza de trabajo, vaya a la cárcel o perezca.

El mayor logro del capital, supervisado y gestionado por el Estado, es la separación de las necesidades y capacidades humanas: *la delgada línea azul es la cuña que las separa*. Esta separación es un proceso que comenzó con el ascenso de la burguesía y que continúa siendo una característica del mundo capitalista. Exige que se ejerzan constantemente los poderes de la guerra y de la policía a fin de reproducir dicha separación. Este es el corazón de lo que Marx llamó «acumulación primitiva», una característica permanente de la reproducción del capital —«después de todo, siempre habrá algo que saquear», observa Marx en el primer volumen de *El Capital*— y el que analiza en dos dimensiones.

Por un lado, el primer Estado moderno desarrolló una serie de poderes policiales con los que expulsó al campesinado de la tierra para convertirlo en trabajo asalariado: las *Poor Laws*. En el corazón de tales poderes policiales estaban las leyes de vagabundeo utilizadas para vigilar a los vagabundos y a otras personas «sin amo» frutos del campesinado, convirtiéndolos en trabajadores *bona fide* o en delincuentes. La historia del capitalismo se puede leer a través de estatutos que prohíben la vagancia, el vagabundeo, la mendicidad y una miríada de «delitos» similares. Los Estatutos de Trabajadores aprobados a mediados del siglo XIV en Inglaterra (1349-1351), que lidiaban con la escasez de mano de obra causada por la peste negra, establecieron el tono para el programa de explotación más explícito de la historia de la lucha de clases. Cualquiera que no poseyera suficiente tierra para su propia subsistencia estaba obligado a trabajar para los señores con salarios fijados por el Estado. Cualquiera que se negara a hacerlo sería encarcelado. Una ordenanza francesa repitió las disposiciones de los Estatutos ingleses en 1351, el mismo año en que las Cortes de Castilla regularon los salarios. Se implementaron medidas similares en Alemania en 1352. A su vez, este intento de reforzar condiciones de servidumbre bajo nuevas ideas de «libertad» encontró una resistencia feroz, generando levantamientos como la Grand Jacquerie de Francia en 1358 o la Revuelta de los campesinos de Inglaterra en 1381. La represión de las insurgencias allanó el desarrollo del capitalismo a través de la guerra policial perpetua contra la clase obrera mundial.

En la Inglaterra de 1530, por ejemplo, Enrique VIII promulgó una ley que otorgaba una licencia para mendigar a gente de edad avanzada y con discapacidad, pero que establecía que aquellos vagabundos considerados lo suficientemente fuertes como para trabajar serían azotados y encarcelados hasta que aceptaran volver a trabajar a su lugar de nacimiento o a su residencia anterior. En 1547, un estatuto bajo Eduardo VI establecía que quien se negara a trabajar podía ser convertido en esclavo de quien lo hubiera denunciado como ocioso. Si el esclavo desaparecía durante dos semanas sin permiso, sería condenado a la esclavitud de por vida y marcado en la frente o en la espalda con la letra «S». Su amo podía venderlo, pasárselo a otra persona o alquilárselo a otros, tal y como haría con su ganado. Si el esclavo se escapaba por tercera vez, sería ejecutado. En 1572, bajo el reinado de Isabel I, mendigar sin licencia se castigaba con la flagelación y al mendigo se le hacía una marca en la oreja izquierda. Bajo Jacobo I, cualquiera que vagase debía ser declarado pícaro y vagabundo, azotado públicamente y encarcelado durante seis meses, donde podría ser golpeado otra vez de acuerdo a la decisión de los jueces de paz. Surgieron leyes similares en otros Estados europeos, como el estatuto de Carlos V para los Países Bajos (octubre de 1537), el primer Edicto de los Estados y Ciudades de Holanda (marzo de 1614) y el Plakaat de las Provincias Unidas (junio de 1649). En Francia, una ordenanza aprobada en julio de 1777 establecía que cualquier hombre que gozase de buena salud entre los 16 y 60 años, sin oficio u otros medios de subsistencia, debía ser enviado a las galeras.

Este es el tipo de leyes a través de las cuales los campesinos fueron expulsados de sus hogares y de la tierra, convertidos en mendigos, vagabundos y delincuentes, y consecuentemente golpeados, marcados, esclavizados y encarcelados *hasta aceptar su condición de trabajadores asalariados*; hasta que aceptaron al capital como su nuevo amo. Esta fue, y sigue siendo, la policía de la pobreza. Fue, y sigue siendo, clave para la formación de la clase obrera. *La ley de los pobres es el poder policial por excelencia*, incluso en su formato posterior de «política social» (también conocida como «bienestar»).

Por otro lado, la otra dimensión de esta construcción requería del robo de las tierras comunales y del saqueo de los recursos con los que antes subsistían los campesinos. En esto consistió el movimiento de cercamientos. En su núcleo se encontraban una serie de estatutos promulgados y asegurados por el Estado. A través del control sobre la autoridad ejecutiva, legislativa y judicial, los terratenientes reclamaron la tierra del pueblo para ellos mismos, como su propiedad privada. Como atestiguan los escritos económicos y políticos de la época, el objetivo no era simplemente reclamar la tierra para los que ya eran ricos, sino reducir a la condición de trabajadores asalariados a aquellos que antetiormente vivían en la tierra. Para ello debía llevarse a cabo una *criminalización de lo comunal*. Una vez más, la intención era eliminar cualquier modalidad de subsistencia que no pasase por el salario.

El punto a destacar en este doble proceso que dio lugar a la creación de la clase obrera es que, a través de la violencia histórica que produjo la sociedad de clases, se abrió una brecha entre las necesidades y las capacidades humanas. Esta brecha sigue vigente. Fue una característica históricamente necesaria para el surgimiento del capitalismo y continúa siéndolo para su supervivencia. Esta es la razón por la que el Estado sigue dedicando tanto tiempo y energía a eliminar cualquier forma de subsistencia al margen del salario. También es la razón por la que el capital gasta una cantidad igualmente enorme de tiempo y energía en privatizar los bienes comunes.

Al mismo tiempo, existe una conexión íntima y sistemática entre estas transformaciones y las economías de plantación de las potencias coloniales. La apropiación de la naturaleza y del trabajo existe en un *continuum* de trabajo generador de plusvalía que incluye la explotación del trabajo asalariado. Este es un hecho evidente. La constitución histórica del trabajo asalariado en Inglaterra se fundamentó castigando con la esclavitud a quienes se negaban a trabajar. Esto también queda claro en la constitución del trabajo asalariado a nivel global. Marx llamó a la esclavitud el «pedestal» sobre el que descansaba «la esclavitud velada de los asalariados». W. E. B. Du Bois describió la esclavitud como «la piedra angular no sólo de la estructura social del Sur, sino también de la manufactura y el comercio del Norte, del sistema fabril inglés, el comercio europeo, [y] de la compra y venta a escala mundial». En cada instancia del capitalismo histórico, con una variedad desconcertante de regímenes de trabajo globales, este *continuum de plusvalía que genera trabajo* debe vigilarse perpetuamente.

De este modo, los sistemas policiales de las economías de plantación del siglo XVIII, si bien formalmente distintos de los sistemas policiales que organizaron el trabajo asalariado en la Gran Bretaña premoderna y de principios de la modernidad son, de hecho, componentes de lo que los teóricos de la ciencia de la policía como Colquhoun llamaron un «sistema policial general». Entre las patrullas de esclavos de la primera etapa de la América colonial había grupos organizados de «cazadores de esclavos» que supervisaban la vida de los negros esclavizados y la apropiación de su trabajo. Estas patrullas imponían leyes como el Fugitive Slave Act [Ley de los esclavos fugitivos] de

1753, que trataba a cada persona negra no acompaña-
da como si fuera un esclavo fugado y a cada reunión de
negros como el comienzo de una insurrección de esclavos. Al hacerlo, las patrullas reforzaban la apropiación
de los seres humanos como propiedad, la que nos reitera al punto que nunca debemos olvidar: que el poder
policial existe porque existe un sistema de apropiación
y explotación.

Todo lo anterior quiere decir que el capitalismo
se creó mediante leyes y decretos impuestos por funcionarios de la maquinaria estatal. Fue y sigue siendo
una guerra de clases por los recursos y las formas de
vida, llevada a cabo a través del poder policial. Se trata
de una guerra policial contra la abundancia. La violencia del poder policial separa las necesidades y las
capacidades mediante el cercamiento de los bienes comunes y la mercantilización de la vida humana y el
mundo natural.

Históricamente hay tres etapas en el surgimiento y desarrollo del poder policial: primero tuvo lugar la
articulación de la policía durante el colapso del feudalismo, consistente más bien en medidas reactivas para
mantener un orden social en decadencia; segundo, se
desarrolló un proyecto más activo e intervencionista
para promover el «buen orden» por toda Europa después de la Guerra de los Treinta Años, articulado en
el cameralismo (*cameralwissenschaft*) y la ciencia de la
policía (*polizeiwissenschaft*); y, tercero, fue la reducción
ideológica liberal de la labor policial a la «aplicación
de la ley», que comenzó a finales del siglo XVIII y se
consolidó en el siglo XIX. En las dos primeras etapas
la policía era un proyecto amplio que abarcaba todo lo
que hoy se entiende como política: educación, salud
pública, planificación urbana, desarrollo de la fuerza

de trabajo, aplicación de la ley (¡por supuesto!) y cualquier modo de intervención estatal imaginable. Hacia el comienzo de la tercera etapa, la burguesía ya había rediseñado el mundo a su imagen y semejanza, al menos en las zonas centrales de la economía mundial. El liberalismo se convirtió en la teoría hegemónica del orden social. El mercado y el individuo reemplazaron al Estado y al soberano como figuras determinantes de la vida política. En este contexto, el significado de la labor policial se contrajo hasta su énfasis actual en la ley y el orden. La noción ampliada de policía se perdió en la historia y la «ciencia de la policía» se fragmentó en la variedad de géneros de política social que conocemos a día de hoy.

Es este concepto amplio de poder policial el que buscamos comprender, desarrollar y criticar, un concepto que incluya (pero que no se limite) a lo que opera como la policía, ya que es integral a todo lo que se conoce con el nombre de «seguridad».

Coincidimos decididamente con la demanda abolicionista que arranca con la propuesta de reducción inmediata de los presupuestos y efectivos policiales entre un 50 % y un 80 %. Pensamos que puede ser un punto de partida tan bueno como cualquier otro, y añadimos que tal demanda puede ser sólo el principio de un proyecto que aspire a la abolición de la policía como parte de la abolición de un sistema que precisa de la policía. Y añadimos que debe complementarse con la creación del procomún en el sentido más amplio. No sólo de estructuras comunales de producción e intercambio, sino también de vida comunal. En lugar de policías y tribunales, por ejemplo, establecer comités comunales de paz y justicia para reparar los daños interpersonales y transferir la responsabilidad a la comunidad.

La policía social, en forma de asistencia social, educación, sanidad y de las innumerables formas en que el Estado administra a la clase trabajadora en particular y a la sociedad civil en general, no son más que algunos de los instrumentos de la maquinaria policial. Son poderes de policía social porque sus agencias (educación, políticas sociales, vivienda) desarrollan técnicas de vigilancia policiales que, a su vez, modulan el sistema policial y de castigo. Esta es la razón por la que las demandas para desfinanciar o abolir la policía no tienen mucho sentido si simultáneamente se exige, por ejemplo, un proceso de refinanciación de los trabajadores sociales. El trabajo social es una de las formas con las que el Estado administra la sociedad civil. Es policía pero con otro nombre. De hecho, algunos trabajadores sociales presentan su profesión exactamente en estos términos: después de las protestas masivas que siguieron a la muerte de George Floyd, la Asociación Nacional de Trabajadores Sociales estadounidense (NASW) abogó por una mayor colaboración entre la policía y los trabajadores sociales (en respuesta, La Asociación de Trabajadores Sociales de Chicago redactó una petición exigiendo que la NASW cancelara este tipo de colaboración y *abrazara la abolición*). Trasladar la financiación y el poder de la policía uniformada a la policía social no contempla la razón de la existencia de estas instituciones y, más concretamente, por qué existen como parte de una maquinaria policial generalizada. Tampoco reconoce la larguísima tradición del pensamiento en torno a la policía como forma de «trabajo social» y, más aún, el hecho de que las propias fuerzas policiales hayan empezado recientemente a contratar trabajadores sociales; «somos un tipo de seguimiento que no supone una amenaza», declara un trabajador social citado por *The Guardian* en 2020 (19 de septiembre), un comentario que revela quizás mucho más de lo que el trabajador social o *The Guardian* pudieran creer. Puede que el trabajador social fuera el «Funcionario amigable» original. Pero, también, puede que no.

«En los países civilizados, el trabajo social [es] la salvaguardia de la sociedad. Sin él, las miserias [...] conducen al bandolerismo e, incluso, a la revolución», dijo T. G. Askwith en 1953, sobre la campaña de pacificación británica en Kenia. No es ni mucho menos el único que piensa así. El conocido *Manual de campo de contrainsurgencia del ejército y el cuerpo de marines de los Estados Unidos* (2006) sostiene la opinión de que el objetivo de la contrainsurgencia es «solucionar los problemas sociales y políticos básicos», lo que la asemeja, en cierto modo, al trabajo social. Es por ello que el Manual expresa explícitamente que las operaciones de contrainsurgencia «pueden caracterizarse como trabajo social armado». Con este fin, el Manual cita el libro del experto francés en pacificación David Galula, *Counterinsurgency Warfare* (1964), en el sentido de que «el soldado en una guerra de pacificación debe estar preparado para convertirse en trabajador social, así como en ingeniero civil, maestro de escuela, enfermero y *boy scout*», y refuerza la opinión del COINdinista[2] y asesor de seguridad David Kilcullen de que «la contrainsurgencia es trabajo social armado». Todo ello podría explicar por qué muchas personas, como el historiador militar Andrew Bacevich, consideran que la guerra de Irak se parece «más a un trabajo social con armas».

---

2   En Estados Unidos, experto en contrainsurgencia, *counterinsurgency* en inglés. [N. de E.].

¿Trabajo social armado? Reflexionemos. Por un lado, el trabajo social armado es coercitivo por definición. Pero ¿no es acaso que *todo trabajo social es coercitivo*? ¿Por qué? Porque el trabajo social conserva tras de sí, contiene en su seno y se ejerce a través la violencia del Estado. No existe un trabajo social sin armas. El trabajo social es asistencia social respaldada por el poder coercitivo del Estado, como deja bien claro el robo de niños a los pobres. Lo que ahora se conoce como «trabajo social» fue en el pasado una de las muchas funciones policiales, precisamente por los motivos aquí expuestos: es un medio para vigilar a la clase obrera. Todo lo cual nos lleva a otra pregunta: ¿no es el «trabajo social armado» otro nombre para la policía social? Trabajo social allí, trabajo social aquí, trabajo social en todas partes donde anida el capitalismo, porque el trabajo social es policía social. Pacificación como trabajo social, pero también trabajo social como pacificación.

La extensión del sufragio, la legalización de los sindicatos y de la negociación colectiva, la construcción de aparatos disciplinarios para la gestión de poblaciones (problemáticas), la regulación del mercado y del comercio, incluso el toque más suave de la política social: todos son mecanismos de policía social. El poder policial clasifica y categoriza a las poblaciones integrándolas en mercados laborales que, al mismo tiempo, ayuda a gestionar. Para las personas «indocumentadas», son aparatos policiales en un sentido muy directo: puntos de contacto con el Estado y vías para la criminalización y la deportación. Para los «documentados», esa misma documentación constituye una indicación clara de hasta qué punto están vigilados, otorga permiso oficial para ser administrados y crea más información acerca de las personas, más puntos sobre los cuales pueda operar la pacificación.

Ese poder policial se extiende mucho más allá de lo que se nos anima a entender como aplicación de la ley. El poder policial es más bien discrecionalidad en el manejo de la ley para mantener el orden. El poder policial *administra* la sociedad civil, pacificando grupos mediante el manejo diferenciado de la ley. La policía armada y uniformada de la «ley y el orden» y la policía social «blanda» existen en un continuo definido por unos supuestos compartidos sobre el orden social: que estamos atrapados en una competición por recursos escasos y, por tanto, que estamos siempre en guerra unos con otros, siempre dispuestos a vigilarnos mutuamente y a ver cómo vigilan los demás; que esperamos que el Estado nos salve de arrancarnos los corazones unos a otros y que nos mantenga en una falsa unidad bajo el nombre de la soberanía; que la sociedad debe ser administrada por las fuerzas de seguridad del Estado o dejará de existir. Estos son los presupuestos de la seguridad y la subjetividad burguesa.

El reconocimiento legal y la incorporación institucional de las clases trabajadoras y subalternas subsume la lucha social dentro del Estado, creando la posibilidad de una mediación pacífica dentro de la «sociedad civil». El Estado, entonces, es la síntesis institucional desigual de las demandas en conflicto y las estrategias contrapuestas de las diferentes fracciones de una formación social. La represión selectiva, la acomodación y la incorporación de la lucha social en el aparato institucional definen el alcance y los límites de una determinada forma de Estado. El reconocimiento de los derechos de negociación colectiva desplaza la política de los trabajadores organizados del ámbito de la delincuencia y la insurrección —lo que la clase dominante y sus ideólogos denominan abiertamente «guerra industrial»— a la administración rutinaria de las «relaciones laborales». Así, esta forma de vigilancia oscila entre los enfrentamientos callejeros donde intervienen los trabajadores de la violencia del Estado, y la vigilancia mundana que se lleva a cabo a través de los departamentos laborales y de recursos humanos.

En otras palabras, toda sociedad fundada sobre el trabajo mercantilizado y la producción de mercancías es siempre un estado policial. Esto explica lo que se ha llamado el «fetichismo policial» que tanto predomina en la sociedad burguesa. «Fetichismo policial» es una frase muy citada tomada del libro de Robert Reiner *The Politics of the Police* [Las políticas de la policía] (2010), donde se define como «la suposición ideológica de que la policía es un prerrequisito funcional del orden social, de modo que sin una fuerza policial se produciría el caos». De hecho, esa definición revela que no es realmente un fetiche en absoluto, más bien se acerca mucho más a lo que hemos descrito anteriormente como sentido común, y es significativo que el sentido común de la seguridad y el sentido común de la policía estén tan estrechamente relacionados. La suposición es, de hecho, una forma de «ideología». El hecho de que toda sociedad fundada en el trabajo mercantilizado y en la producción de mercancías sea siempre un estado policial, genera la suposición ideológica de que el poder policial es un prerrequisito para el orden social. El resultado es que la idea de la policía ejerce un control sobre los sujetos políticos y sigue siendo difícil de erradicar (a pesar de haber recibido algunos golpes significativos en los últimos años). Esta posición se ve reforzada por la premisa de que el poder policial es el garante de la civilización y la última línea de defensa contra el desorden, el caos o la barbarie. El mundo que describe esa jerga policial es un mundo en el que es imposible una sociedad sin la policía. Sin embargo, este lenguaje funciona de diversas maneras. Una forma es enmascarar la relación integral entre lo policial y la separación de necesidades y capacidades: que la policía existe para que se cumpla el régimen laboral. Una segunda forma es enmascarar el hecho de que los mecanismos socialdemócratas que imponen el régimen laboral dependen en gran medida de la policía social blanda, una gama de poderes institucionales que administran la pobreza con el objetivo de fabricar trabajo productivo y facilitar la acumulación de capital. Por mucho que esto funcione con una concepción «social» de la seguridad, sigue siendo, como escribió Marx en 1844, el *seguro* del egoísmo en el que se basa el orden burgués, la garantía del derecho a vivir una vida atomizada como un individuo separado de los demás, que ve a los demás como una fuente de amenaza en vez de el basamento de la socialización. Estos seres separados y aislados se ven obligados a vender su fuerza de trabajo por dinero como único medio para adquirir las mercancías con las que sostener su vida y satisfacer sus necesidades. Estas condiciones, aisladas e instanciadas por la relación del individuo con la propiedad y la riqueza (o, la mayoría de las veces, por la ausencia de ambas), deben ser aseguradas. En realidad, es preciso asegurarlas continuamente frente a la inseguridad inherente a la producción capitalista.

En lo que respecta a la abolición, trabajar con un concepto amplio del poder policial implica, por tanto, abordar cuestiones mucho más amplias que las referentes a las fuerzas policiales. Considerar seriamente la abolición de la policía requiere abordar las diversas ramas de la maquinaria policial y no solo a sus trabajadores uniformados de la violencia. Se trata de la abolición policial en el sentido más amplio posible y requiere abordar la hegemonía de la seguridad.

Si el poder policial existe para la fabricación del orden social capitalista y opera como división entre las necesidades y las capacidades, entonces, podemos concebir la abolición policial como la fabricación de un mundo anticapitalista. De la misma manera, la abolición de la seguridad es el trabajo de la comunidad contra la seguridad, de trabajar con la intención estratégica de sustituir las diversas ramas de la maquinaria policial por estructuras comunitarias de cuidado y cooperación autónomos. En lugar de seguridad, solidaridad. Todo el trabajo profundamente importante que realizan los abolicionistas, sobre todo el creativo y generativo de la justicia restaurativa y transformadora, la responsabilidad comunitaria y el apoyo mutuo, aborda, por un lado, los daños fundamentales del capital y, por otro, crea nuevas relaciones sociales que desafían nuestra atomización y construyen sistemas para recrear y renovar la vida comunitaria.

El trabajo de «des-policializar» la vida, de abolir la maquinaria policial y la anti-seguridad es el trabajo de desarticular la sociedad burguesa recreando y dando rienda suelta a la vida comunal. Es el trabajo hacia la abundancia comunal como base del florecimiento comunitario humano; esto es, la antítesis del poder policial. La máxima verdad de este mundo es que es algo que construimos con nuestra manos y que, por lo tanto, podríamos fácilmente construirlo de manera diferente. Tenemos que dejar de reproducir el sistema que nos está destruyendo. Necesitamos hacer algo más, algo mejor, algo hermoso, algo disfrutable: el *Buen Vivir*, el *sumak kawsay kichwa* y el *suma qamaña* aymara como formas comunales que (re)unen a los humanos con seres sintientes y no sintientes de modo que honra nuestro mundo común. En otras palabras, tenemos que dejar de hacer capitalismo. Y debemos ir más allá: para dejar de hacer capitalismo tenemos que dejar de producir la maquinaria policial. Es decir, debemos impedir que el poder policial rehaga el capitalismo.

La reconstrucción del capitalismo se basa en guiones muy antiguos. La «sobreabundancia», la «escasez» y el «despilfarro» (de los comunes) son temas centrales invocados para justificar procesos de desposesión como parte del arsenal ideológico que se usa para justificar el despojo, la apropiación y la instauración de la propiedad privada. Por un lado, la idea de escasez es una creación del capital, que ofrece un modelo de que «no hay lo suficiente» y que nos anima a creer que todas y cada una de las personas estamos inmersas en una guerra por los recursos. No es casualidad que los primeros intentos de los colonizadores europeos para crear una industria ganadera en América del Norte se basaran en destruir manadas de bisontes para así privar a los pueblos indígenas de su capacidad de reproducir las condiciones sociales de la tierra. No obstante, la gente carece de alimentos no porque no haya suficientes, sino porque la producción para el intercambio comercial es inherente a la mercancía. El hecho de que la mercancía posea un valor de cambio además de un valor de uso sirve como recordatorio de que se produce para obtener ganancias con fines lucrativos y no para satisfacer las necesidades humanas. *La verdad es que el capital fabricó la idea de escasez para crear, proveer y vigilar un sistema de producción de mercancías.* De ahí que el lenguaje de la abundancia presente una alternativa revolucionaria al imperativo de acumular. Por otro lado, el «despilfarro» forma parte de un argumento ideológico que afirma que, cuando las cosas quedan para usos en común, no se utilizan (se desperdician) y, por lo tanto, deben ser expropiadas bajo la forma de la propiedad privada. Tanto las ideas de escasez como de despilfarro se usan para justificar el robo. Ambas historias afianzan la reivindicación de la seguridad como parte de una dinámica de desposesión.

Al igual que con «la policía», ocurre con la «democracia»: son abstracciones fetichizadas que condensan la atomización. Lo que hoy pasa por «democracia» es lo que instauraron las revoluciones burguesas del siglo XVIII, las declaraciones de los derechos burgueses (libertad, igualdad, seguridad) y la apropiación de la democracia por parte del liberalismo en el siglo siguiente: una democracia formal y abstracta que reconoce el poder del pueblo sólo para anular ese poder. En lugar de un sistema de autogobierno significativo, la democracia liberal aliena nuestra capacidad de autogobierno a representantes que no rinden cuentas y a funcionarios que no han sido elegidos. En lugar de ejercer el poder, somos administrados por el poder. Somos vigilados, es decir, nuestra realidad social es administrada y activamente fabricada por poderes estatales y privados. Y como dejaron claro las revoluciones burguesas del siglo XVIII y la apropiación de la democracia por el liberalismo en el siglo XIX, el orden social entero debe priorizar uno de los derechos fundamentales: ¡la seguridad! La abolición de la seguridad, pues, se posiciona como crítica al estado democrático liberal *tout court*, alineándose de la siguiente manera: la democracia abolicionista en lugar de la democracia liberal.

El objeto de la abolición tendría entonces un parecido con el comunismo, como ya se ha dicho citando a Harney y Moten. Gran parte de la literatura abolicionista toma a Du Bois como uno de sus pensadores fundadores. Du Bois fue un comunista orgulloso de serlo, al igual que Angela Davis y muchos otros abolicionistas. Así, ¿qué pasaría si encontrásemos algo de la fuerza intelectual del abolicionismo no solo en los argumentos por la abolición de la esclavitud, sino también, como observara el propio Du Bois, en los argumentos a favor de abolir el capitalismo?

Marx y Engels escribieron el *Manifiesto del Partido Comunista* en un momento en que socialistas, comunistas y anarquistas nos animaban a imaginar un futuro completamente diferente basándose en sus críticas a un presente pervertido. En el momento en que escribieron el texto, Marx ya había denunciado a la seguridad como el concepto supremo de la sociedad burguesa. En el *Manifiesto*, dejan claro que al operar como concepto supremo de la sociedad burguesa, la seguridad preserva la inseguridad como uno de los principios operativos del capitalismo. Su insinuación, por pequeña que sea, es que el comunismo implica la crítica despiadada de lo existente, incluidos principios e ideas que la sociedad burguesa ha consagrado como verdades eternas y sentido común. Entonces, el comunismo suprime verdades eternas como la individualidad, la independencia y la libertad burguesas y, por supuesto, la «verdad» de la seguridad.

En la segunda parte del *Manifiesto*, Marx y Engels detallan lo que es, en esencia, una posición abolicionista. Lo hacen resaltando tres elementos del orden burgués, articulados una y otra vez por los diversos «Partidos del Orden» que administran el Estado para la clase dominante: «El rasgo distintivo del comunismo es [...] la abolición de la propiedad burguesa», nos dicen. Esto no significa la abolición de la propiedad personal, sino la abolición del sistema de producción y apropiación basado en el antagonismo de clases y la explotación de la mayoría por unos pocos: la propiedad privada. La propiedad privada es poder de clase, y Marx y Engels se interesan por los capitalistas sólo en la medida en que representan a esta clase. «Ser capitalista significa ocupar no sólo una posición puramente personal en la producción, sino también una posición social. El capital es un producto colectivo». Abolir la propiedad privada es abolir lo que no pertenece a casi nadie. Se trata, más bien, de abolir un sistema que explota, aliena, degrada, deshumaniza y que, en términos coloquiales, nos hace a todos terriblemente «inseguros» de innumerables maneras. Nos vuelve inseguros, y luego insiste en la lógica de la seguridad que grita «¡Seguridad!» ante cualquier cosa que se considere amenazadora, inusual o simplemente desordenada. En este sentido, la abolición de la seguridad se basa en una idea singular: la abolición de la propiedad privada.

La burguesía considera la abolición de la propiedad privada como la abolición de la individualidad y de la libertad. «Y con razón», escriben Marx y Engels, insinuando hasta qué punto en el corazón de la política abolicionista hay una transformación completa del yo. ¿Nos atrevemos a decir la abolición del yo? Ciertamente, podemos decir la abolición del yo burgués, ese mismo yo que siempre está destinado a ser poco más que un sujeto securótico. El «individuo libre» no significa otra cosa que el sujeto burgués obsesionado con la propiedad y la seguridad. «Esta personalidad, ciertamente, debe ser suprimida». Esta abolición de la propiedad privada retoma otras dos formas en las que Marx imaginó la abolición antes de escribir el *Manifiesto* con Engels. En primer lugar, como dijo Marx en un ensayo sobre el rey de Prusia y la reforma social (1844), nuestra verdadera comunidad es la propia naturaleza humana, y nuestro desastroso aislamiento de esta naturaleza esencial es terrible, intolerable y contradictorio. Lo que se necesita es «la abolición de este aislamiento». El segundo es un concepto con el que Marx y Engels jugaron en *La ideología alemana* (1845-1846), que es la «abolición del trabajo» (*Aufhebung der Arbeit*). Se refieren al hecho de que, como trabajadores, a fin de realizarnos como individuos, debemos «abolir la condición misma de [nuestra] existencia», lo que significa que «debemos abolir el trabajo». Esta idea de abolición del trabajo no desaparece por completo de la obra de Marx, sino que se subsume en la idea de la abolición de la propiedad privada tal y como se articula en el *Manifiesto*.

El abolicionismo en el *Manifiesto*. En línea con otros mandatos progresistas de la época, comunes entre los socialistas utópicos, y muy por delante de la misma demanda que pasó a primer plano en la década de 1970, el *Manifiesto* ofrece quizás la «propuesta comunista más infame» de todas, y que más tarde se convertiría en la «propuesta feminista más infame» de todas: la abolición de la familia burguesa.

Se trata de la abolición de una forma burguesa de poder, de una ideología del trabajo, y de un espacio de poder patriarcal a través del cual una pareja se dispone al reconocimiento del Estado y es vigilada en consecuencia. La abolición de lo que es tal vez la forma social más fundamental a través de la cual se produce una pacificación más amplia, que es la misma razón por la que los agentes de policía, los trabajadores sociales, los maestros y, más o menos todo el aparato ideológico del Estado, enfatizan la importancia de la familia y sus «valores». La abolición de una institución social que explota a niños y mujeres, un espacio de reproducción social y de trabajo no remunerado en el que tienen lugar la mayoría de las violaciones, asesinatos y abusos (a menudo bajo alguna burda pretensión patriarcal de «protección» u «honor»). Como nos recuerda Sophie Lewis en *Abolish the Family* [Abolir la familia] (2022), «no hay nadie más propenso a robarte, intimidarte, chantajearte, manipularte, golpearte o infligirte tocamientos no deseados, que la familia». La Organizaciones de Naciones Unidas nos informa que el hogar es *el lugar más peligroso para las mujeres* (título de un informe de su Oficina contra la Droga y el Delito de 2018). ¿Precisamente aquel que, se supone, debemos considerar un espacio seguro? De alta seguridad además: directo y personal, íntimo y, por eso mismo, aún más inseguro. Y si un miembro de tu familia es policía, buena suerte: los agentes de policía son responsables de una cantidad desproporcionada de violencia doméstica y, con frecuencia, agreden sexualmente a personas durante el ejercicio de su trabajo. *El poder policial es poder patriarcal.* Esta es la razón por la que gran parte del control sobre nuestras vidas íntimas se ejerce a través de la familia y con ella. De hecho, y volviendo brevemente al trabajador social: ¿acaso no fetichiza a la familia por encima de todo? Los valores familiares son valores de propiedad, y ambos son valores de seguridad. La familia privatiza los cuidados, y los cuidados privatizados en la familia repercuten en formas más amplias y ambiciosas de concebir los cuidados, en lo cual profundizaremos más adelante.

La abolición de la familia va de la mano de la abolición de la propiedad. Esto no es un llamamiento a reformar el derecho de familia ni a mejorar las estructuras de apoyo por parte de los trabajadores sociales. Como han argumentado las feministas marxistas durante mucho tiempo, la cuestión no es reformar la familia mediante más medidas de policía social, sino transformar la sociedad que necesita a la familia en el centro. Precisamente, este es el argumento central de las políticas abolicionistas respecto a la institución que cuestionan: «no transformar a la policía, sino a la sociedad que la necesita»; «no transformar la cárcel, sino la sociedad que necesita de ella»; «no transformar la frontera, sino la sociedad que la necesita».

Cuando Marx y Engels escriben sobre la abolición, la palabra que utilizan es *Aufhebung*, un término clave de la lógica dialéctica, como se ve en *Aufhebung der Arbeit*. «Abolir» ciertamente capta parte del significado de *Aufhebung*, y fue la palabra que Engels autorizó en la traducción al inglés del *Manifiesto*. Pero también se puede traducir como «superar», «trascender» o «reemplazar» e, incluso, «guardar» o «preservar», aunque en una forma diferente. Las ideas de «superación» o «trascendencia» nos recuerdan que Marx y Engels están sugiriendo que algo se está volviendo obsoleto (es decir, *abolido*) como una forma de resolver las contradicciones o problemas subyacentes que le dieron origen. Así, cuando Marx, en la introducción a su crítica de la filosofía del derecho de Hegel, señala hacia «la abolición de la religión como felicidad *ilusoria* del pueblo», lo que está tratando de hacer es señalar esta abolición como una «exigencia de su verdadera felicidad». La abolición de la religión, al igual que la abolición de la familia, es un llamamiento a renunciar a nuestras ilusiones acerca de nuestra condición y, por lo tanto, a «renunciar a una condición que requiere ilusiones».

La abolición de la seguridad como una solidaridad *ilusoria* es la demanda de una solidaridad *real*, y nuestro llamamiento a renunciar a la ilusión de la seguridad es un llamamiento a *renunciar a una condición que requiere ilusiones*. Una demanda del *fin del fetichismo de la seguridad*.

«A los comunistas se les reprocha también el querer abolir los países y las nacionalidades», reconocen Marx y Engels. Pero añaden que los trabajadores no tienen patria. No tienen país y, sin embargo, si hay algo que sabemos con certeza es que siempre tienen que enfrentarse a la frontera y a la seguridad de las vallas y muros fronterizos. Retomaremos esta discusión en el capítulo 4. Primero, abordemos la figura que yace en el corazón de toda seguridad, el sujeto *securótico*.

3

¡OIGA, USTED!

Decir que la seguridad es una ilusión es decir que es algo que nunca hemos tenido y que no tenemos perspectivas realistas de alcanzarlo jamás. La promesa de la seguridad es una promesa falsa que nos permitimos por nuestra cuenta y riesgo. La seguridad es ya siempre inseguridad.

El reto al que se enfrenta el proyecto de abolición de la seguridad es que la falsa promesa de la seguridad sigue siendo hegemónica en muchos sectores. La seguridad goza de un apoyo masivo, arraigado en lo que en el capítulo anterior se describía como «fetichismo policial». Como señalamos entonces, el fetichismo policial no es exactamente el término más adecuado. El término correcto es fetichismo de la seguridad.

Cuando Marx intentó desentrañar el carácter fetichista de la mercancía, lo hizo recurriendo al mundo nebuloso de la religión. Resulta llamativo la cantidad de análisis de la seguridad que hacen lo mismo, como el argumento de Friedrich Nietzsche en *Amanecer* (1881) que sostiene que, en la sociedad moderna, la seguridad funciona como deidad suprema (añade que esto es inevitable en una sociedad en la que el «trabajo duro» se considera «el mejor policía»). Tomando prestado el análisis de Marx sobre el fetichismo de la mercancía, podríamos decir que la seguridad parece, a primera vista, una cosa muy trivial y fácilmente comprensible. Pero su crítica muestra que la seguridad posee una especie de carácter místico, que abunda en sutilezas metafísicas y teológicas, al igual que la propia mercancía (y, por lo tanto, especialmente las mercancías asociadas con la seguridad). Este carácter se adhiere al instrumento de la seguridad por excelencia, la policía. Es en este sentido que podemos hablar de fetichismo policial, es decir, reconociendo sus raíces en el fetiche de la seguridad. La seguridad es algo misterioso. En ella, el carácter social de la naturaleza humana está bajo el control de una forma de poder: el Estado y sus instituciones, siendo la más evidente la policía. En otras palabras, la sociabilidad y solidaridad humanas se nos presentan como una relación social que no existe entre seres humanos, sino entre fuerzas que pretenden proporcionarnos seguridad como sujetos políticos. Aquí radica el verdadero fetichismo policial: la creencia de que la policía *es* de alguna forma sociabilidad o solidaridad, que de alguna manera es solo a través de la *seguridad de la policía y el Estado* que somos capaces de vivir unas personas con otras.

Al igual que el fetichismo de la mercancía, del que forma parte, el fetichismo de la seguridad proviene de realidades materiales. Sabemos qué aspecto tiene esto en el extremo más aterrador del espectro. Para los colonos israelíes que buscan apoderarse del territorio indígena sobre el cual construir un asentamiento, el objetivo de la desposesión y apropiación es completamente consistente con —y depende vitalmente de— una agenda de seguridad. No es, por tanto, una casualidad que tales esfuerzos en Palestina se lleven a cabo bajo la supervisión directa y protección de las «fuerzas de seguridad» de Israel y bajo la apariencia de «defensa» (las FDI: Fuerzas de Defensa de Israel), donde las medidas «defensivas» en nombre de la seguridad implican que los colonos israelíes maten y mutilen a palestinos en Cisjordania e intenten destruir sus medios de vida quemando olivares y destruyendo hogares. También sabemos cómo se ve esto en el extremo más ridículo del espectro, en forma de la mentalidad de búnker de los ricos, de la cual hablaremos más adelante, o la locura del «*everyday carry*» (conocido como EDC), el estilo de vida popular entre algunos hombres en América del Norte, estructurado en torno a estar preparado para cualquier cosa. Una «guía para principiantes» de EDC recomienda seguir lo que caracteriza como la antigua tendencia humana a asegurarse todos los «artículos esenciales que regularmente llevas contigo, sin importar a dónde vayas», incluyendo llaveros, navajas, multiherramientas, teléfonos inteligentes y una «pistola EDC», lo suficientemente pequeña como para caber en una bolsa, pero con la advertencia de que, si bien las armas más pequeñas son más fáciles de transportar, no se debe olvidar que «más pequeñas también significan más difíciles de disparar».

El fetichismo de la seguridad se infiltra en nuestra vida cotidiana. Como explica Marx en el capítulo sobre maquinaria y gran industria de *El capital*, así como en el *Manifiesto*, la producción moderna es revolucionaria en un sentido en que los modos de producción anteriores eran esencialmente conservadores, ya que el uso capitalista de la maquinaria, la tecnología y de la tierra misma transforma continuamente el proceso de producción, las funciones del trabajador y la miríada de relaciones sociales que les rodean. El capitalismo, por su propia naturaleza, exige variaciones constantes del trabajo, una fluidez permanente de las funciones, y fuerza todo tipo de «movilidad» y «flexibilidad» en el trabajador. Esta contradicción absoluta, señala Marx en El capital, necesariamente elimina toda «fijeza y seguridad» en lo que se refiere a la vida del trabajador. Su observación no está pensada para hacernos argumentar a favor de la seguridad, ni para volver la «inseguridad» parte de su crítica del capitalismo, sino para alentarnos a imaginar una forma completamente diferente de organizar la sociedad, e imaginarnos viviendo más allá de la jaula de la seguridad.

La seguridad es un síntoma de neurosis, el resultado de una larga historia en la que nuestras vidas, tierra y recursos fueron saqueados —una historia de nuestra derrota— pero también el resultado de vivir en la época actual en la que somos derrotados por la ilusión de la seguridad y sus innumerables contradicciones. Una época que se nos describe como la «era de la inseguridad» y «era de la seguridad» garantiza la creación de sujetos securóticos: sujetos neuróticos cuyo sufrimiento, angustia y conflicto se expresan en una serie de ansiedades abrumadoramente asociadas con la seguridad. El vocabulario de la seguridad se ha vuelto tan totalizador como el vocabulario de la propiedad: al igual que nos volvemos cada vez menos capaces de articular cualquier forma de relación excepto a través de la óptica del mercado (la amistad como capital social, la inversión en relaciones, el deseo como expresión de elección del consumidor), del mismo modo, somos cada vez menos capaces de articular cualquier visión del ser social y, sobre todo, de un ser futuro alternativo, si no es a través de la lente de la seguridad. La industria de la seguridad nos produce de esta manera, porque el sujeto securótico es precisamente lo que la industria de la seguridad —y el capital en general— desea. El sujeto securótico es el ideal pacificado. Mucho más allá de las cachiporras, los drones y el resto de la parafernalia de la violencia policial, nuestra interiorización de los miedos y deseos que subyacen a la ansiedad por la seguridad es uno de los mecanismos clave a través de los cuales la seguridad opera como pacificación.

Seguir creyendo en la seguridad, a pesar de sus cualidades ilusorias y alusivas, es vivir una vida frágil como sujeto securótico, una vida rota por el hecho de que esa vida nunca podrá hacer honor a su nombre. Sostener dicha vida depende de la educación constante del sujeto securótico a través de manuales, guías de capacitación, esquemas de autoayuda, programas de desarrollo o bienestar educativo. Requiere la educación de los sujetos en seguridad y su constante reproducción como sujetos de los que se espera que carguen con sus inseguridades mientras se sienten aplastados por ellas. Como explica el Colectivo de Ex Trabajadores de CrimethInc en *Días de guerra, noches de amor* (2001), *al capitalismo le gustan las personas inseguras.* «Las personas inseguras no crean problemas. Las personas inseguras compran ambientadores, acondicionadores para el cabello, maquillaje y revistas con artículos sobre dietas». Los sujetos inseguros son creados y sostenidos por ambos frentes de la industria de la seguridad: por un lado, acepte esta nueva medida de seguridad que el Estado ha decidido para usted; por otro, compre este producto para sentirse más seguro. Ambos frentes se combinan para reforzar la ilusión de maneras que, en el fondo, todos conocemos. Sin embargo, de algún modo, nos confabulamos para negarlo, porque enfrentarnos a ello abiertamente sería confrontar con la ilusión central en torno a la cual se construye el orden social. Esto convierte a todas las personas en neuróticas.

Estas neurosis son estructurales. No estamos enfermos ni locos: es el capitalismo el que lo está. No es la depresión, es el capitalismo. Y esta raíz de la «crisis de salud mental» no se puede tolerar, porque hacerlo significaría no solo desenmascarar al fetichismo que oscurece nuestras relaciones reales con el mundo, la especie, nosotros mismos, sino también derribar el escenario en el que nos vemos obligados a representar este drama perverso y trágico. Ninguna «seguridad sanitaria» resolverá jamás esta ni ninguna otra crisis sanitaria. Del mismo modo que el fetiche de la mercancía refuerza las relaciones sociales que sustentan el capitalismo negando el trabajo como fuente de valor, reafirmando la naturaleza objetiva de la mercancía y del capital (no hay alternativa), el fetichismo de la seguridad refuerza las relaciones sociales capitalistas negando las causas estructurales del asesinato social y reafirmando los mecanismos del miedo: la teatralidad del crimen y el castigo, el espectáculo de la guerra y del terror, las ansiedades del sujeto securótico para quien ni todo el autocuidado del mundo podrá nunca asegurar la reproducción estable de la subjetividad como capital humano.

Una forma de considerar esta cuestión es a través de la lente de las élites adineradas y autoproclamadas líderes del futuro, esas que planifican su seguridad permanente mediante la construcción de búnkeres subterráneos; la expresión más extrema del mismo deseo que anida en los *preppers;*[3] entusiastas de la EDC; y miembros de comunidades cerradas. Podríamos aquí, en modo académico, enumerar el tiempo, dinero y energía invertidos en tales proyectos, pero podemos entenderlos mejor, y al sujeto securótico en general, a través del cuento de Kafka *La madriguera.*

Escrito entre finales de 1923 y principios de 1924, la historia trata de un pequeño animal, que suele presuponerse que es un topo, que construye una madriguera en la que vivir y sobrevivir; es, en efecto, un búnker fortificado. Construye cuidadosamente y lo chequea regularmente, la intención es estar «tan seguro, como pueda estarlo cualquier cosa en este mundo». En el centro de la madriguera hay una celda, el rincón más seguro, la «Torre del castillo», llamada así en alusión al área de seguridad interna en los castillos históricos. La madriguera, reflexiona el topo, «ofrece mucha seguridad». Pero, ¿puede uno estar seguro de esto? En verdad, la madriguera «ofrece mucha seguridad, pero no la suficiente; porque ¿se está libre de ansiedades en su interior?». La *ansiedad de la inseguridad* siempre está presente, incluso en el sitio más seguro. ¿El resultado? «apenas puedo gozar de una hora en completa tranquilidad», reflexiona el topo mientras lleva a cabo un nuevo control sobre el aparato de seguridad de la madriguera. Estos controles son necesarios pero podría pasar cualquier cosa. ¿Y por qué podría suceder algo? Porque «tengo innumerables enemigos». Hay enemigos fuera de la madriguera, más allá de las fronteras de la seguridad. También hay enemigos «bajo tierra», en las mismas entrañas de la tierra, de modo que incluso si las fronteras se consideran seguras, nunca se

---

3   Preparacionistas o survivalistas: movimiento social orientado a la supervivencia frente a eventos extremos. [N. de E.].

sabe si «el enemigo está excavando su camino hacia mi, lentamente y en silencio». Peor aún, unos ruidos inquietantes parecen provenir del interior de la propia madriguera, ruidos que suenan como un enemigo, como un enjambre, de hecho, un poderoso enemigo interno. La ansiedad del topo es, entonces, la ansiedad de la inseguridad en lo que parece ser la unidad más segura posible, pero donde los enemigos acechan a las puertas, bajo tierra e, incluso, dentro del propio sitio.

Si *El castillo* de Kafka apunta a la irracionalidad de la burocracia y su *El proceso* a la locura de la ley, *La madriguera* apunta al sujeto securótico, no ya solo de los ricos en sus madrigueras, sino de todos nosotros. De hecho, el topo es tan securótico que pasa mucho tiempo fuera de la madriguera, vigilándola durante días y noches, admirando su trabajo de seguridad. El topo actúa como guardia de seguridad de un búnker construido para la seguridad del guardia. Una de las razones por las que el topo pasa tanto tiempo revisando el sistema de seguridad es porque ha perdido de vista por completo sus propias necesidades y deseos. Es decir, se perdió de vista el hecho de que la seguridad es una ilusión. Pero hay otra razón, y es porque el topo es una criatura enamorada de su propio aparato de seguridad: el topo describe la «alegría», «placer» y «felicidad» que le da la madriguera, a pesar de las continuas ansiedades que le genera (¿o quizás es *debido* a esas ansiedades?). En cualquier caso, *de te fabula narratur*: este cuento habla de ti.

Sin embargo, la historia es también acerca del propio Estado. El estado de seguridad nunca deja de buscar y encontrar amenazas a la seguridad, nunca deja de chequear y chequear de forma incontable su propio sistema de seguridad, nunca deja de preocuparle poder hacer más en nombre de la seguridad. Al igual que el topo, el Estado también está enamorado de su propio aparato de seguridad, pero es un amor que lo hace inseguro. Es que *la seguridad, al fin y al cabo, siempre es inseguridad.* ¿Qué pasa si lo que quiero me decepciona, me falla, me traiciona? Para protegerse de la inseguridad, el sistema de seguridad debe ser testeado una y otra vez. Y, sin embargo, es probable que los testeos aumenten las ansiedades, al menos tanto como las alivien. Un refuerzo ansioso de las operaciones de seguridad conduce al colapso y la desintegración. Siempre se necesitan más medidas policiales, más formas de contención y control, más leyes, más medidas de emergencia, hasta el punto de que la vida misma es destruida... ¡en nombre de la seguridad! De hecho, hasta el Estado describe a veces esta destrucción como «trabajo de topos».

¿Trabajo de topo? En un discurso pronunciado el 14 de abril de 1856 en el aniversario de *El periódico del pueblo*, Marx describe la revolución como «el viejo topo que puede trabajar en la tierra tan rápidamente». Marx se había referido previamente al viejo topo en *El dieciocho de brumario* (1852), donde describe la derrota del socialismo por parte de las fuerzas de seguridad del Estado tras el golpe de Estado de Bonaparte. «La lucha parece estar resuelta de tal manera que todas las clases... caen de rodillas ante la culata del fusil». Sin embargo, la esperanza permanece, la revolución hace su trabajo metódicamente. «Y cuando haya terminado la segunda mitad de este trabajo preliminar, Europa saltará de su asiento y dirá exultante: ¡Bien arrancado, viejo topo!» El topo antiguo en alemán es *alter Maulwurf*, y el trabajo del topo es *maulwurfsarbeit: trabajo de topo.* Pero *maulwurfsarbeit* es también la palabra alemana para denominar la actividad subversiva. En el mundo de la seguridad, un topo es un agente encubierto que trabaja infiltrado en grupos radicales y revolucionarios para destruirlos desde dentro o para criminalizarlos. La inseguridad del Estado sobre su propio aparato de seguridad significa que nunca dejará de hacer su trabajo de topo, metiéndose en la vida de las personas, continuando con su trabajo de socavar los comunes. Nosotros preferimos otro tipo de trabajo de topo, el mismo que Marx describió como el que nunca deja de excavar: ese «digno pionero», la Revolución. Esta es la madriguera de un movimiento minucioso, subversivo y, a menudo, clandestino.

Las historias delirantes suelen ser excesivas, refractarias, malinterpretadas, dañinas, abusivas. Las historias de seguridad no son una excepción. Aquí podríamos reflexionar sobre algunas de las historias más amplias que rodean la cuestión de la seguridad, una de las cuales toca un tropo clave de la ideología burguesa y que dice más o menos así: «Trabajé muy duro para esto, y como tal merezco mantenerlo. Es mi propiedad». Este «individualismo posesivo» nació hace medio milenio y corre como una vena profunda a través del pensamiento político liberal y la cultura burguesa. La idea de tal «mérito» surgió de la lógica pionera de la clase burguesa que se convenció a sí misma de que ella, y no los trabajadores, eran quienes trabajaban duramente. Otra parte de la historia es la siguiente: «Tengo el derecho de proteger mi propiedad y también tengo el derecho de llamar a la policía para que la proteja en mi nombre». En esta parte de la historia, se revela la profunda verdad del poder policial: existe por y para la seguridad de la propiedad privada. Se trata de la seguridad como síntoma de neurosis magnificada por la idiotez de la vida privada y de la propiedad (que afecta tanto a la izquierda como a la derecha del espectro político). Pero es también una historia que se alimenta de la ilusión de que la propiedad privada es una forma de propiedad personal y el resultado del arduo trabajo de la persona que la posee. La propiedad privada es un poder de clase: el capital es un producto colectivo y, por lo tanto, una fuerza social. Esto es lo que se entiende por «sociedad de clases». Por lo tanto, detrás del tropo ideológico del «trabajo duro» y la «seguridad de la propiedad», subyacen en realidad una historia de poder de clase y la necesidad de la clase dominante de reafirmar constantemente el principio de seguridad.

Una sociedad de tal violencia y empobrecimiento sólo puede existir porque se mantiene unida por el poder soberano: según se nos dice, la sociedad debe ser administrada por el Estado o dejará de existir. Esa es la suposición detrás de «¡Seguridad!». Es también la suposición de la subjetividad burguesa. En nombre de la seguridad, el Estado busca que interioricemos la creencia de que el individualismo posesivo es una descripción creíble de la condición humana y, a su vez, quiere que nos vigilemos a nosotros mismos en nombre de dicho individualismo de tal manera que perpetuemos dicha condición individualista. El vínculo entre propiedad privada, posesión o propiedad, decoro (como en las nociones de propiedad o «buena conducta») y poder policial es, entonces, el eje clave de la pacificación, más sutil y poderoso que los aparatos policiales formales (sociales) del Estado porque reside dentro de nosotros. Este es el policía que llevamos en nuestras cabezas y corazones.

Más que un individualismo posesivo, sin embargo, sostener el capitalismo a través de la seguridad requiere que

enterremos nuestras formas securóticas bajo un prudencia-
lismo aparentemente racional.

El término «*prudential*» aparece en la lengua inglesa durante el desarrollo del capitalismo en los siglos
XVI y XVII, y la figura de la persona prudente nace a
mediados del siglo XVII. El capitalismo contemporáneo,
con su normalización de la lógica del riesgo, nos mol-
dea como modernos gestores de riesgos. Los cálculos
que se espera que realicemos se consideran naturales y
necesarios en un sistema económico capitalista catas-
tróficamente propenso al riesgo, aunque lo mitigue de
manera selectiva. El prudencialismo es una ideología
burguesa dominante que surge de las contradicciones
y dinámicas del propio capitalismo. A instancias de él,
obligado por el sistema, el prudencialismo da forma
a la organización del trabajo, lo que conduce a su intensificación, al empleo precario y a la erosión de los
derechos y protecciones de los trabajadores. Se trata de
una respuesta directa a las inseguridades e incertidum-
bres generadas por el modo de producción capitalista.

Esta lógica se aplica a todas las facetas del orden
social, pero para el proletariado el imperativo del riesgo se convierte en una cuestión de supervivencia. Con
nulo control sobre los medios de producción y poco
control sobre las condiciones de su trabajo, los trabajadores deben navegar un panorama económico precario
para asegurar sus medios de vida, sabiendo en todo
momento que el capital nunca ofrecerá una seguridad
real de sustento. Sin embargo, incluso entre los estratos sociales más bajos, nos vemos obligados a adoptar
una mentalidad de gestores, calculando constantemente los riesgos y tomando decisiones estratégicas
para mitigar el daño potencial y para garantizar una
existencia lo más «segura» posible en condiciones que

políticos y patrones anuncian abiertamente como inherentemente inseguras.

La mentalidad gestora refuerza la alienación experimentada a medida que nos distanciamos aún más de nosotros mismos y de los demás. A medida que los individuos quedan reducidos a entidades calculables y cuantificables, su esencia humana, su creatividad y sus conexiones sociales se ven eclipsadas por la búsqueda incesante de la gestión de riesgos y la supervivencia económica. «¿Cómo puedo mejorar mi solvencia crediticia, el informe sanitario, la cobertura del seguro o el carnet de conducir?», «¿Cómo afecta esto a mi acreditación de seguridad?», «¿Pasará esto a mi registro permanente?». Nuestros niveles de enajenación han llegado a un punto en el que nos tratamos —incluso a nosotros mismos— con la sensibilidad calculadora que en verdad despreciamos pero que el sistema insiste en que aprendamos a valorar.

Contamos con siglos de evidencia de que de una crisis a otra, la carga de la gestión de riesgos recae principalmente en los trabajadores. La burguesía, a través de la transmisión intergeneracional del botín de sangre y saqueo, tiene acceso a recursos financieros que le permiten protegerse contra los riesgos y proteger su riqueza, mientras que el proletariado se enfrenta a opciones y recursos limitados para evitar y mitigar los riesgos. Los trabajadores son mucho más susceptibles a los caprichos del mercado, vulnerables a las recesiones económicas, las pandemias o la especulación, y son también los más afectados por las crisis financieras. Los trabajadores carecen también de los recursos sociales y culturales que la burguesía abiertamente nombra a partir del propio capitalismo como «capital social» y «capital cultural».

Nos vemos obligados a interiorizar los sistemas de pacificación. El dominio del pensamiento gestor y la gestión de riesgos en las vidas proletarias refuerza las formas de dominación, control y explotación del sistema capitalista. A medida que los trabajadores se preocupan cada vez más por la autovigilancia, la autodisciplina y la autoevaluación del riesgo, su atención y energía se desvían de desafiar a las estructuras opresivas del capitalismo. El pensamiento prudencial refuerza las relaciones de poder existentes a través de interiorizar y reproducir la lógica del mercado mientras se perpetua el orden de la seguridad burguesa.

El énfasis del capitalismo contemporáneo en la desregulación, privatización y erosión de las limitadas redes de seguridad social amplifica la subjetividad securótica. La búsqueda incesante de ganancia y la expansión de las fuerzas del mercado han llevado a un aumento de la precariedad y la desigualdad; es decir, de la inseguridad. En este contexto, el prudencialismo se ha convertido en una estrategia de seguridad para los sujetos securóticos, una estrategia de supervivencia dentro de los parámetros establecidos por el neoliberalismo, sin esperanza de desafiar al sistema. El pensamiento gestor implica la transformación de los individuos en gestores de riesgos, calculando constantemente probabilidades y elaborando estrategias para su propia supervivencia en un entorno incierto y competitivo. Esta mentalidad prudencial se convierte en parte integral de la subjetividad neoliberal, exacerbando la atomización y la alienación inherentes al proyecto neoliberal. Bajo el disfraz de la responsabilidad personal y la elección, propaga la ilusión del empoderamiento individual. Retrata al mercado como el árbitro final del éxito y caracteriza a los individuos como actores autónomos responsables de su propio destino. Esta ideología oscurece convenientemente las desigualdades estructurales y los desequilibrios de poder que definen al capitalismo contemporáneo. Al centrarse en el nivel individual, el prudencialismo desvía la atención de las soluciones sistémicas y colectivas necesarias para abordar las injusticias sociales.

En el corazón de esta dialéctica se encuentra el elemento comunicador y mediador de esta circulación perpetua del riesgo y su gestión: la mercancía. Como ya se ha dicho antes, las mercancías son el núcleo del sistema económico. Son objetos de intercambio, producidos con fines de lucro, y desempeñan un papel central en la circulación del capital. Son también parte integral de la transformación del dinero en más dinero por parte del capital. Existe una relación dialéctica entre mercancía y riesgo. La producción y el intercambio de materias primas generan riesgos al tiempo que dan lugar a soluciones de gestión de riesgos en forma de mercancías de seguridad. Sin embargo, estos productos de seguridad no son inmunes a nuevos riesgos e imprevistos, perpetuando así un ciclo de creación y gestión de riesgos.

El proceso de prudencialización, caracterizado por la adopción de prácticas y estrategias de gestión de riesgos, se integra y circula en forma de mercancía. A medida que surgen riesgos en la producción, en el intercambio y en el consumo de mercancías, el sistema capitalista responde desarrollando productos y expertos de seguridad como medio para mitigar y gestionar esos riesgos. Estos productos básicos de seguridad incluyen una amplia gama de instrumentos, incluidas pólizas de seguro, derivados financieros, productos de seguridad y otras soluciones de gestión de riesgos que, a su vez, se financiarizan y comercializan en el mercado. Sin embargo, esta relación dialéctica entre riesgos y mercancías de seguridad introduce su propio conjunto de contradicciones y de riesgos imprevistos. Si bien puede parecer que los productos de seguridad ofrecen protección y estabilidad, todavía están sujetos a las fuerzas del mercado y a la especulación e imprevisibilidad inherentes a la dinámica capitalista. Los instrumentos financieros diseñados para gestionar los riesgos, como las obligaciones de deuda garantizadas o valores respaldados por hipotecas, se convierten a su vez en fuentes de riesgo sistémico.

Por otra parte, la expansión incesante de la industria de la gestión de riesgos perpetúa la mercantilización del propio riesgo. El proceso de prudencialización transforma el riesgo en una mercancía comercializable, lo que lleva a la aparición de instituciones especializadas, expertos y tecnologías dedicadas a la evaluación, la fijación de precios y la negociación de riesgos. Este nexo cada vez mayor entre el riesgo y su gestión afianza aún más el poder de las instituciones financieras y acentúa las desigualdades dentro del sistema capitalista.

El fetichismo de la mercancía, un concepto central en el análisis marxista al que ya nos hemos referido, describe cómo las relaciones sociales integradas en las mercancías quedan opacadas y cómo las mercancías son imbuidas de un poder místico y autónomo. En el contexto del riesgo, la mercancía actúa como vehículo para la circulación de la información, los conocimientos y las prácticas relacionadas con la gestión del riesgo. Así, de cara al sistema, refuerza tanto el dominio del modo de producción capitalista como la centralidad del pensamiento gestor. Frente a la mercantilización del riesgo, el sujeto securótico refuerza la hegemonía del riesgo sin fisuras. El ciclo perpetúa una sensación de aislamiento individual y autosuficiencia, erosionando lazos de solidaridad colectiva, apoyo mutuo y el potencial de acción colectiva. La atomización de los individuos, cada uno preocupado por gestionar sus propios riesgos y maximizar su propio bienestar, debilita la capacidad de resistencia colectiva contra las políticas y estructuras neoliberales. En lugar de abordar problemas sistémicos como la pobreza, la desigualdad y la explotación, nos ocupamos de nuestra propia autopreservación y mitigación de riesgos. Este enfoque centrado en las estrategias individuales y el interés propio perpetúa la despolitización de los problemas sociales y económicos, legitimando efectivamente la seguridad burguesa.

El impulso incesante a la gestión de riesgos puede verse como la forma operativa de la industria de la seguridad. A este respecto, la mitigación de riesgos, la prudencialización y el pensamiento gestor a través de la seguridad no debilitan el capitalismo. Más bien, la seguridad sirve como motor esencial del crecimiento y revitalización del capitalismo, desafiando suspuestos anteriores. Contrariamente a la creencia de que las amenazas a la seguridad socavan la estabilidad y longevidad del capitalismo, resulta evidente que la seguridad está profundamente entrelazada en su funcionamiento y preservación.

De hecho, lejos de ser una amenaza para el capitalismo, la inseguridad es en realidad una fuerza productiva dentro del sistema y, por tanto, parte integral del mantenimiento del orden capitalista, alimentando la subjetividad prudencial, reforzando la autoenajenación y revitalizando la economía. La propia preservación del orden se convierte en una industria que genera su propio conjunto de actividades económicas, instituciones y estructuras de poder, dentro de las cuales son cruciales el mantenimiento de la seguridad y la gestión de los riesgos. Es por eso que el capitalismo contemporáneo abraza la inseguridad como un elemento intrínseco de su funcionamiento. En lugar de limitarse a defenderse de las fuerzas externas, el sistema capitalista produce y mercantiliza activamente la seguridad como parte de sus operaciones cotidianas, reforzando tanto el fetiche de la mercancía como el fetiche de la seguridad, y utiliza dichas fuerzas externas para reforzar esa producción. Los análisis marxistas tradicionales solían hacer hincapié en las contradicciones y vulnerabilidades dentro de los sistemas capitalistas. De hecho, la resiliencia del capitalismo se basa en la seguridad como fuerza productiva dentro del orden capitalista.

Reconocer la seguridad como una industria en sí misma invita a un examen más profundo de las complejidades del poder, el control y la resistencia. En este punto, resulta crucial interrogar críticamente las formas con que la búsqueda de la seguridad está entrelazada con la reproducción de las estructuras capitalistas, así como explorar visiones y prácticas alternativas que desafíen el orden existente.

En su clásica teorización de la interpelación ideológica de los sujetos, Louis Althusser ofrece algunas pistas. Utilizando el ejemplo de la práctica policial de llamar a una persona en la calle gritándole «¡Oiga, usted!», Althusser argumenta que esta persona se constituye en sujeto al reconocer que esa interpelación está «realmente» dirigida a ella. Althusser insiste en que este tipo de interpelación nunca, o rara vez, falla. El interpelado reconoce que lo están interpelando. Como demuestran los ejemplos anteriores de *preppers* y entusiastas de la EDC, este tipo de interpelaciones han tenido mucho éxito, pero todos sabemos por experiencia propia lo que significa ser interpelado de esa manera por la policía. La cuestión, sin embargo, es si ser interpelado por la policía nos hace sentir más o menos seguros.

Afortunadamente, no todos los sujetos se someten al ser interpelados por los «perros de la seguridad». Muchos se dan cuenta del engaño. Un rasgo notable del pensamiento contemporáneo es que, a pesar del estimulante radicalismo inherente a tanta política abolicionista, es en los mundos nebulosos de la religión donde encontramos la seguridad expuesta de esta manera. «Persigue el dinero y la seguridad/ y tu corazón jamás podrá liberarse», insiste el *Tao Te Ching*. El budismo contemporáneo lo reitera de varias maneras. Alan Watts en *La sabiduría de la inseguridad* (1954), por ejemplo, señala que «la inseguridad es el resultado de intentar estar seguro». Helen Keller, una cristiana swedenborgiana, argumenta en *The Open Door* [La puerta abierta] (1902) que «la seguridad es en gran parte una superstición. No existe en la naturaleza, ni la experimentan los hijos de los hombres en su conjunto. ¡Dios mismo no está seguro, habiendo dado al hombre el dominio sobre sus obras! Evitar el peligro no es más seguro a largo plazo que exponerse abiertamente. [...] La vida es una aventura atrevida, o no es nada». Añade que se ha hecho un grave daño al fomentar la idea de que pueda existir tal cosa como la seguridad. Basándose en esto, Michael Frost y Alan Hirsch argumentan a favor de una teología cristiana del riesgo (*The Faith of Leap* [La fe del salto], 2011) que incluya el rechazo del «ídolo esclavizador» de la seguridad. «Estar cada vez más seguros no evitará que el miedo a la inseguridad se convierta en un demonio posesivo. [...] Cuanta más seguridad y garantías queramos frente a las cosas, menos libres seremos. Hoy en día no hay que temer a los tiranos, sino a nuestra frenética necesidad de seguridad». En cambio, Frost y Hirsch abogan por un «cristianismo del camino» y nos animan a aceptar los beneficios de la inseguridad resultante. Tales afirmaciones tienen una larga tradición en la creencia cristiana de que la seguridad solo es posible con Dios, sin embargo, no es necesario compartir esa creencia para reconocer el desafío que plantea a la insistencia del Estado que es la base de nuestra seguridad.

Allí donde encontramos argumentos similares fuera de la esfera de la religión, también lo están fuera del marco de la política abolicionista. Al escribir sobre el papel del comercio en la propagación de los virus, Mark Harrison señala en *Contagion* [Contagio] (2013) que uno de los mayores problemas en todas las medidas de bioseguridad es «la ilusión de la seguridad» y la «mentalidad de la seguridad» en asuntos relacionados con la salud. Tseng Yen-Fen y Wu Chia-Ling, por su parte, afirman en un capítulo de *Health and Hygiene in Chinese East Asia* [Salud e higiene en el este asiático chino] (2010) que «dado que el mundo microbiano es inobservable para el ojo humano, probablemente no exista tal cosa como la verdadera seguridad». Citan a David Heymann, director ejecutivo de enfermedades transmisibles de la OMS: «No podemos dejarnos seducir por la falsa seguridad de los esfuerzos de contención que han interrumpido con éxito la transmisión humana, ya que la falsa seguridad podría convertirse en nuestro peor enemigo». Pero, ¿no es este lenguaje en sí mismo el problema? ¿Qué seguridad se considera «falsa» y qué seguridad «verdadera»? ¿No es más bien el caso de que *nunca puede haber verdadera seguridad*? Como señala la autora de *Los monólogos de la vagina*, Eve Ensler, en sus memorias políticas, *Insecure at Last* [Insegura, por fin] (2008), «la seguridad es esencialmente elusiva, imposible», y añade que es la propia búsqueda de la seguridad lo que nos hace inseguros.

Junto a esas afirmaciones, merece la pena recordar que, si bien las misiones pacificadoras del poder policial y la seguridad son globales, las subjetividades que generan varían geográficamente. En su ensayo *Crítica de la violencia* (1921), Walter Benjamin observó que «la policía parece la misma en todas partes», y lo parece porque se basa en la idea de que la seguridad es la base de su poder. Benjamin estaba en lo cierto mucho antes de que se pusiera de moda. La policía (y la seguridad) sirven a imperativos estructurales similares a lo largo del tiempo y el espacio, a pesar de algunas variaciones en la configuración de los poderes policiales en determinados lugares, en los uniformes que usan, en los instrumentos de violencia que emplean o en los enemigos concretos que se les encomienda pacificar. Tampoco son uniformes las formas con las que el lenguaje policial gobierna en el conjunto del planeta. En todo el Sur global, la policía es objeto de presunciones extendidas, en su mayoría negativas, por parte de la población en general: su perspectiva moral, su propensión a la ilegalidad, los asesinatos, la extorsión y sus desagradables atributos sistémicos son ampliamente comprendidos y asumidos como motivos para la resistencia.

De este modo, ni la seguridad ni la supuesta universalidad de la policía salen indemnes del todo. La pregunta consiste en cómo podría tomar forma un desafío aún mayor. Una pregunta que en realidad se plantea a raíz de cómo podríamos luchar contra (y socavar) nuestro yo fetichista securótico.

Una opción sería la solidaridad frente a la seguridad. La solidaridad aquí implica generosidad, cuidado y sacrificio. El capitalismo nos hace suponer que el sacrificio es algo negativo, que se está renunciando a algo, dándolo por perdido. El sacrificio funciona, de hecho, en la misma línea que el cuidado y la generosidad. «Las lógicas del cuidado y el mercado capitalista no se pueden conciliar», nos recuerda *The Care Collective* en *The Care Manifesto* [Manifiesto de los cuidados] (2020). Hay que añadir que, para el Estado, el «cuidado» suele implicar una u otra forma de institución en nombre de la seguridad: «al cuidado del Estado» no es un lugar en el que nadie quiera estar. En contraste con la mercantilización del cuidado por parte del capital, estaríamos mejor servidos si avanzáramos hacia una reforma revolucionaria de los sistemas de bienestar social para convertirlos en un bien común en forma de acceso universal y desmercantilizado a la sanidad, la educación, el cuidado de niños y ancianos, la vivienda y los ingresos. Las tareas de seguridad del Estado corren en paralelo a la mercantilización de los cuidados a manos del capital. El Estado busca infiltrarse en el proceso del cuidado para fortalecer su aparato de seguridad. Esas medidas «amplían la red del estado carcelario», como lo describen Angela Davis y sus colegas. Pero cuidar es sacrificarse como acto de generosidad y solidaridad. Cuidar es un acto social. Una de las razones por las que el cuidado es tan desastroso en estos momentos es porque está integrado en la propiedad privada y las relaciones de mercado y, por lo tanto, en la lógica de la seguridad/capital. Invocando el libro de Mateo en el *Nuevo Testamento*: al hambriento le ofrecemos alimento, al sediento le damos bebida, al forastero la bienvenida y al enfermo lo cuidamos. No les decimos que estamos trabajando en la seguridad alimentaria, la seguridad hídrica, la seguridad fronteriza y la seguridad sanitaria.

Ser generoso con los demás es ser bueno con uno mismo. Es reconocer que podemos sacrificarnos, renunciar a algo, ceder, ofrecer y compartir, y que eso será beneficioso para una causa o un bien mayor. Cuidar de alguien es creer en su autonomía y ayudar a nutrir sus necesidades, junto con su sentido de bienestar común, para que pueda compartir y contribuir a la abundancia. Cuidar no es curar. Tampoco debe ser visto como la provision de seguridad, sino como su opuesto. Como señala Hobbes en *Leviatán*, la crueldad y el desprecio por los demás proceden de la seguridad de una persona en su propia buena fortuna, lo que nos recuerda la íntima relación de la seguridad con la propiedad: al sustentar el capital y la policía, la seguridad facilita su crueldad absoluta. *La abolición de la seguridad es el rechazo de la crueldad.*

Cuidar a los demás incluye cuidar el planeta, no tratarlo como un objeto de seguridad. Esto también exige que nos veamos a nosotros mismos como parte de un colectivo mayor, y que veamos de la misma manera a los animales, los árboles, las plantas y el agua, e incluso a las fuerzas y energías vitales. La «securitización» de cada una de estas cosas es un medio para evitar cualquier cuidado real. La securitización de la «conservación» de las especies, por ejemplo, significa que el principio del cuidado del mundo y sus recursos se desplazan hacia lógicas de contrainsurgencia. Nuestro cuidado por la especie se vuelve así redundante por la respuesta en términos de seguridad, que resulta no ser una solución en absoluto. En verdad, la industria de la seguridad simplemente agrega una imagen de cuidado a sus procesos y usa esa imagen para seguir comerciando con sus productos de seguridad. La forma en que nos comportamos afecta en estas cosas.

Este es un argumento a favor la solidaridad en el sentido más abstracto y pleno —¡Solidaridad!—, basada en la convicción de que es posible satisfacer las necesidades y las capacidades. ¡Solidaridad contra la seguridad!

En nuestro mundo alocado de formas fetichistas y sujetos securóticos, nos bombardean con mensajes sobre la amenaza que se cierne sobre nuestras vidas y nuestras propiedades por parte de un sinfín de enemigos, adversarios universales y amenazas al orden social fantasmales y cambiantes. Solo puede salvarnos. El «Otro», el «no-nosotros», sirve como fundamento paranoico para que la seguridad haga su trabajo, objetivo de vigilancia y destrucción, mientras buscamos seguridad en un «nosotros» contra la inseguridad que nos enseñan a creer que proviene de un «ellos». Muchas figuras han ocupado el lugar del «hombre del saco» y lo siguen haciendo: la bruja, el aborigen, el indio, el judío, el sodomita, el comunista, el negro, el revolucionario, el revolucionario negro, el terrorista, el guerrillero, el insurgente, el criminal, el asaltante, el migrante, el demonio, el pirata, el zombi; todos ellos espectros, y muchos más. Algunos de ellos se identifican por su insurgencia política, otros por toda clase de hábitos —«los traidores al Reino pueden revelarse por zapatos puntiagudos o pendientes de oro», señala R. H. Tawney en *Religion and the Rise of Capitalism* [La religión y el auge del capitalismo] (1938)— en la medida en que el orden burgués busca pacificar a través de la administración política de la diferencia social. Todos, sin embargo, están cargados de odio de clase y animosidad racista, impregnados de un ímpetu de violencia destructiva. Todos han sido presentados en diferentes momentos, y con diferentes grados de intensidad, como figuras del horror contra las que hay que asegurar la «civilización» a través de una guerra policial que los destruya.

Sin embargo, esa destrucción nunca puede ser completa ya que varias de estas figuras deben existir para, en un momento dado, justificar las medidas de seguridad movilizadas contra ellos (*nosotros*). De este modo, la seguridad se rompe en una miríada de prácticas a través de las cuales se combate o se administran dichas figuras: el poder de la guerra y de la policía.

En este sentido, el tenor de los diferentes racismos ofrece tanto un reflejo distorsionado de las relaciones reales como una manifestación particular del adversario universal. El judío intrigante del antisemitismo y el espectro del musulmán bárbaro y el negro animalizado del racismo se funden con el criminal y el insurgente, siendo cada uno de ellos la personificación de la dominación poderosa y destructiva del capital como forma social alienada. Esas figuras son representaciones del adversario universal como el enemigo de todo lo que es justo, bueno y ordenado en la guerra de la acumulación. De esta manera, los «perros de la seguridad» nos invitan a dedicar voluntariamente nuestros esfuerzos y energía en una guerra perpetua contra un adversario tras otro, contra los enemigos del orden. El grito de guerra es siempre: ¡Seguridad!

Algunos han interiorizado el mensaje, como se muestra en las orientaciones explícitasmente supremacistas blancas presentes en muchos tiroteos masivos. Muchos otros han interiorizado el mensaje de maneras más sutiles: desde la aceptación banal de las realidades brutales de pobreza, exclusión y violencia que el Estado sanciona y que se exhiben en cada ciudad, hasta la exaltación lírica del lenguaje policial en la cultura popular y en el discurso político que nos invitan a interniorizar la política del miedo y a prestar nuestras energías a las guerras policiales interminables. Pero la seguridad que el Estado pretende ofrecernos mediante estas guerras es, como toda seguridad, una ilusión basada en las mismas inseguridades asociadas a figuras como la del «hombre del saco».

A pesar de que, en alguna medida, todos somos interpelados como sujetos securóticos a través de formas de disciplinamiento, adoctrinamiento y educación, es crucial recordar el punto de Gramsci de que la hegemonía es un proceso en constante revisión y renovación. La hegemonía de la seguridad no es una excepción. La hegemonía existe porque una sociedad fetichista así lo requiere. De hecho, cuando leemos con detenimiento los textos de aquellos que desean transformar a la gente corriente en sujetos securóticos, se hace referencia constante al trabajo que se requiere para convencernos de que la seguridad es necesaria y redunda en nuestro interés colectivo. Esto representa al menos una oportunidad potencial para la abolición de la seguridad. Tal y como señala Stuart Hall en su elaboración del argumento de Gramsci, aquellas fuerzas sociales cuyo consentimiento no se ha ganado y cuyos intereses no han sido tenidos en cuenta son las que forman la base de visiones, contramovimientos, luchas y estrategias alternativas. Derribar en alegre rebelión la hegemonía de la opresión capitalista y apuntar a la recuperación de la vida comunal requiere superar nuestro yo securótico. «*Sous les pavés, la plage!*», anunciaban los rebeldes en el mayo francés de 1968. «*Bajo los adoquines, ¡la playa!*». Podemos añadir: «Bajo nuestra subjetividad securótica, ¡una humanidad perdida!»

4
PROHIBIDO EL PASO

En el capítulo seis de El *capital*, Marx señala una frontera «en cuyo umbral cuelga el aviso "Prohibida la entrada salvo por negocios"». Aquí, Marx identifica los límites de la propiedad privada, una línea que separa «la ruidosa esfera» de las relaciones de mercado, donde el trabajador y el empresario se encuentran como aparentes iguales, y «la morada oculta de la producción», donde la plusvalía se extrae de los trabajadores a través de la explotación inherente al trabajo alienado. Este pasaje es más que una retórica ostentosa. Sugiere que las fronteras poseen un significado fundacional para el capitalismo. Pero las fronteras no son simplemente los límites del Estado-nación. Las fronteras ayudan a constituir tanto la propiedad privada como a los trabajadores, generando uno de los mandatos clave de la seguridad/capital: «Prohibido el paso».

Por lo tanto, y en primer lugar, es crucial volver a la mitología fundacional del poder policial y la seguridad: la «delgada línea azul». Una línea que, como hemos visto, se utiliza para fragmentar los bienes comunes, fabricando y luego defendiendo parcelas privadas y reservas estatales. Pero también es una línea que debemos reconocer como descriptivamente «delgada», lo que implica que la distancia entre el bien y el mal, el orden y el caos, es tan fina que resulta permeable y fácilmente quebrantable. Mas allá de quién o qué está en cada lado o de por qué el asunto nunca se resuelve, la línea opera como un lugar perpetuo de división. Dado que la abolición de las fronteras es parte de nuestro proyecto más amplio de abolición de la seguridad, es pertinente desentrañar cómo se mantiene la frontera a través de su pretensión de proporcionar «seguridad» a un «nosotros», casi siempre definida en contraste con un «otro» peligroso.

Tomarse en serio la idea de que la seguridad es el concepto supremo de la sociedad burguesa implica entender la lógica de las fronteras bajo el capitalismo desde otro enfoque, uno que nos lleva al ámbito de cómo se crea, explota y manipula la fuerza de trabajo a través de las fronteras. La advertencia «Prohibido el paso» no es solo una instrucción para respetar la propiedad privada. Es también un recordatorio para mantenerse en su lugar. Las fronteras crean la propiedad privada y dividen a los trabajadores. Como ya hemos señalado, el capital no ha creado un proletariado global homogéneo. Los trabajadores están divididos por raza, género, religión, capacidad y cualquier otro marcador concebible de diferencia social. Estos marcadores permiten que algunos crucen fronteras y que otros las tengan vetadas. Esto se ve claramente en el ejercicio de poder discrecional de la policía en ciudades de todo el mundo. Sabemos, por ejemplo, a quién detiene la policía; en Nueva York o Londres son los hombres jóvenes racializados; en Estambul los kurdos y los sirios; en Singapur los trabajadores temporales del sur de Asia. Los detalles varían en función del lugar, pero la relación básica es la misma.

Debemos pensar de forma expansiva, no solo en *la* frontera, sino en todo tipo de fronteras y límites, así como en los procesos que hay detrás de su creación. El problema no es *la* frontera, sino cómo el capitalismo nos separa de nuestras capacidades de satisfacer las necesidades básicas y nos divide en grupos antagónicos. Las fronteras revelan cómo la producción de diferencia y separación es esencial para el funcionamiento, la circulación y la acumulación de capital. Esto requiere una delimitación global de las zonas de explotación y apropiación. El capitalismo controla despiadadamente el movimiento de las personas dentro, a través y más allá de estas zonas, y siempre lo ha hecho.

Desde el principio, esta vigilancia se propone evaluar a las personas en función de su utilidad laboral. Tan pronto como comenzaron a correrse las cortinas del feudalismo, la policía se desplegó para administrar dónde y cuándo se permitiría viajar a los nuevos migrantes desamparados. En Inglaterra se aprobaron una serie de Leyes de Pobres que otorgaban a los comisarios de la ley el poder de encarcelar, azotar, torturar y esclavizar —mediante la asignación a un amo— a cualquier persona que viajara sin estar vinculada a un patrón. A excepción de la ejecución, se les concedió libertad total, lo que llevó a Engels a burlarse en *La condición de la clase obrera en Inglaterra*: «Viviréis, pero viviréis como una terrible advertencia para todos aquellos que pudieran tener incentivos para volverse superfluos». Así, el nuevo proletariado tenía prohibido circular sin permiso de trabajo; se requería permiso para salir de su parroquia. La policía, a menudo directamente financiada por los comisionados locales de la ley de los pobres, acosaría constantemente a estos migrantes internos desposeídos de Inglaterra. Lo que se generó fue la figura clave que incluso ahora persigue la imaginación burguesa y el régimen estatal: loslos sin papeles. Sin papeles ni patrón, estas personas podían ser declaradas indocumentadas, separadas de sus familias y arrojadas a asilos de pobres;[4] después de todo, no tenían ni trabajo ni propiedad y, por lo tanto, debían ser convertidas en trabajadores. Había que volverlos productivos. Debían ser sometidos a un proceso de proletarización dirigido por el Estado. No debía quedar otro recurso para ellos que el salario. Como ya hemos señalado, la ley de pobres es la ley policial por excelencia, y el núcleo de la ley es la vigilancia de la circulación. Este es el origen del pasaporte, un documento que surgió a fin de administrar el movimiento de trabajadores contratados y esclavos a través de las diversas zonas fronterizas del capital. De este modo, en el corazón del sistema de explotación se encuentra el mandato con el que estamos familiarizados y que se nos inculca desde una temprana edad: Prohibido el paso.

«Prohibido el paso» señala directamente la seguridad y la propiedad como ideas entrelazadas en el universo ideológico del capitalismo. La idea de la invasión pasa a primer plano durante los primeros cercamientos. La privatización y parcelación de la tierra están inextricablemente vinculadas al proceso de definición de las fronteras. *Las fronteras privatizan*. Como tales, las fronteras llevan incorporada una orden de no cruzarlas. Proveniente del francés antiguo *trespasser*, que significa pasar más allá o cruzar, atravesar, infrin-

---

4   *Workhouses* en el original. Institución del Reino Unido en la que la gente pobre podía vivir y trabajar. [N. de E.].

gir o violar, la orden de «Prohibido traspasar» jugaba históricamente con la idea de que cruzar es una transgresión, un pecado y, por lo tanto, fundamentalmente malo. En el siglo XV, con los cercamientos en curso, traspasar adquirió connotaciones de «entrar ilegalmente», por lo que, además de una afrenta a la propiedad y seguridad, podía considerarse una violación de la paz del rey y, por lo tanto, simultáneamente una afrenta a la soberanía. La guerra fundamental entre dos formas de conciencia; por un lado, la idea de los comunes, todavía profundamente arraigada en la conciencia populor y, por otro lado, la idea de cercamiento por la que la clase dominante estaba tan fascinada, fue también una guerra entre dos formas de organizar la vida social: los comunes frente a la propiedad privada. Una de las armas de la clase dominante en esta guerra fue la ley y la ideología de traspasar.

A finales del siglo XVII, cuando un liberalismo completamente desarrollado llegó a dominar los argumentos sobre la propiedad, el delito se generalizó como una amenaza para toda la humanidad. Ello permitió a pensadores como John Locke postular el delito en general como una «transgresión contra toda la especie». Para el primer liberalismo, destacaban entre esas transgresiones los delitos que Locke calificaba como «ofensa contra la ley común de la naturaleza», en particular el hecho de malgastar la tierra dejándola como propiedad común. En las colonias esto se convirtió en motivo para desposeer a los pueblos indígenas y apropiarse de sus tierras. En Inglaterra, con los cercamientos ya bien establecidos, el delito de traspasar consistía en transgredir los límites de la propiedad privada recién cercada. Dado que en la mayoría de los casos la infracción solía correr a cargo de gente corriente buscando satisfacer sus necesidades básicas, ya sea recogiendo fruta, cazando conejos, recolectando madera o participando en lo que Colquhoun condena como la «práctica bárbara» de extraer turba para combustible en terrenos comunales, el mandato de «Prohibido el paso» era una advertencia para no buscar satisfacer las necesidades propias en esa tierra. Y puesto que la orden también venía con toda la fuerza del poder estatal, hasta el punto de que las personas podían ser castigadas con formas de violencia que iban desde la amputación de las orejas hasta la ejecución, la conclusión está clara: para satisfacer tus necesidades, ve y gánate un sueldo.

La idea de «Prohibido el paso» opera tácitamente en la frontera entre Estados y se combina con la instrucción de que no habrá admisión… *salvo por negocios*. Si las fronteras son porosas para determinados trabajos en diferentes momentos, regulando diferentes tipos, velocidades y cantidades de movimientos, entonces podemos preguntarnos: ¿cómo crea la propia frontera las relaciones entre quienes llegan constantemente? La migración transfronteriza y los asentamientos crean nuevas clases de trabajo, nuevas formas de precariedad y nuevas formas de relación entre las clases trabajadoras. Es así como las fronteras han sido cruciales para dividir a la clase trabajadora, crear *outsiders* e *insiders*, generando nociones de sentido común sobre la competencia y la división. Un ejemplo: la valoración diferencial de los ingenieros indios en Silicon Valley y de los trabajadores de servicios latinoamericanos.

Estos procesos forman categorías raciales y de otra clase. Las fronteras desempeñan un papel esencial en la creación de diferencias y jerarquías, tanto a escala nacional como mundial. En cierto sentido, esta es la clave del Marxismo negro de Cedric Robinson, publicado por primera vez en 1983. La racialización organizó la proletarización desde el principio: «La tendencia de la civilización europea a través del capitalismo no fue, por tanto, homogeneizar, sino diferenciar, exagerar las diferencias regionales, subculturales y dialécticas para convertirlas en diferencias *raciales*». Los eslavos e irlandeses, prototipos del capital para las formas más brutales de trabajo, fueron racializados como hiperexplotables antes de que la trata de esclavos en el Atlántico convirtiera a la negritud en sinónimo de los peldaños más bajos de la división global del trabajo.

Las fronteras de la propiedad privada y las fronteras del Estado dan lugar a formas particulares de relaciones sociales, limitando algunos flujos y permitiendo otros, ubicando y desplazando, generando inseguridades, dejando necesidades humanas insatisfechas, sembrando la división y generando nuevos modos de guerra social.

La lucha contra la frontera es, por tanto, una lucha contra una lógica de seguridad que impone restricciones a lo que se nos dice que son libertades fundamentales. La «seguridad fronteriza» es un régimen más que un espacio, una práctica más que un lugar. Se filtra tanto en las instituciones de la sociedad civil como en el Estado y, al limitarnos, permite que éste último —el Estado— nos discipline. Las universidades, las empresas y toda una serie de organizaciones están íntegramente involucradas en este conjunto de prácticas de seguridad, verificando la documentación (derechos de trabajo, pasaportes, visas), pero también el comportamiento (asistencia, enfermedad, estado financiero). En el peor de los casos, el régimen de seguridad fronteriza se convierte en régimen de deportación. En el mejor, se limita a disciplinar y castigar a quienes incumplen sus obligaciones en materia de documentación o comportamiento. La seguridad fronteriza, como toda seguridad, genera ilegalidades, vulnerabilidades y precariedades, con el fin último de producir sujetos pacificados.

La seguridad fronteriza capta la esencia del Estado y el capital, a pesar de la capacidad de este último para moverse sin contratiempos, en el sentido de que los Estados devienen y permanecen «soberanos» mediante la vigilancia del espacio, ejerciendo poder soberano sobre quienes se hallan dentro de ese espacio y decidiendo quién o qué puede cruzar su frontera, hacia dentro o hacia fuera. Esa definición clásica del poder estatal como monopolio sobre los medios de violencia contiene un reclamo implícito sobre el espacio: el Estado sostiene que el monopolio se aplica sobre un territorio determinado. Por lo tanto, para que el Estado opere como tal, debe ejercer la violencia en la frontera, a través de ella y mediante las fronteras en el sentido más general. Quienes están fuera no deben entrar, pero los que están dentro no deben traspasar las fronteras interiores. Esta es la razón por la cual la figura del bandido es tan importante para el poder estatal. Siempre se ha imaginado al bandido al margen de la ley, como una figura de la ilegalidad. Pero la idea del bandido proviene del italiano *bandire*, que significa exiliar o desterrar, y por lo tanto es también una figura al borde del Estado, fuera de la frontera (desterrado), pero merodeando cerca de ella, listo para cruzarla ilegalmente y cometer más actos de ilegalidad dentro del territorio. Y uno de esos actos de ilegalidad consiste en ignorar los límites de la propiedad privada. Por eso la guerra contra el bandidaje ha sido interminable. Lo mismo puede decirse sobre las guerras policiales perpetuas tanto contra aquellos cuyos modos de vida dependen de migrar como de quienes se niegan a aceptar las fronteras que han desmembrado sus tierras natales. Ya sea el nómada espectral, el gitano, el mohawk, el mapuche, el bereber, el kurdo, el palestino o cualquier otro grupo cuyas tierras hayan sido divididas por fronteras, para estos grupos resistirse al simple principio de que no deben traspasar fronteras y límites es una cuestión de supervivencia. Estas guerras crean también fronteras raciales que dividen a los trabajadores y consolidan el poder estatal y el régimen de seguridad.

A través de la frontera, el migrante se convierte en delincuente, y pasa así a formar parte de esa otra medida de seguridad permanente conocida como la guerra contra el crimen. Así es como situamos la criminalización más reciente de las infracciones a la ley de inmigración en los estados capitalistas. Los delitos penales pueden desembocar fácilmente en la deportación, mientras que los delitos migratorios se tratan cada vez más como delitos penales. Esta *crinmigración* fomenta tendencias y miedos securóticos. Y cabe señalar que en el centro de esto se encuentra la situación de desposesión del «migrante ilegal» que traspasa las fronteras del poder estatal. Esta figura demoníaca se alinea con la figura del vagabundo, que traspasa las líneas de la propiedad, y contra la cual se ha librado una guerra policial masiva durante siglos (que sigue vigente: el artículo 5 del CEDH,[5] que proclama que toda persona tiene derecho a la libertad, también permite que una persona pueda ser privada de dicha libertad por razones médicas y sociales en nombre de la seguridad; una de esas personas es el vagabundo, que puede ser detenido por «su propio interés»). La poderosa sugerencia de ilegalidad es también evidente en el debate

---

5   Convención Europea de Derechos Humanos. [N. de E.].

sobre el contrabando y la trata de personas. Al hacer hincapié en la existencia del crimen organizado, el sistema de seguridad fronteriza adquiere una apariencia de asistencia social, presentando a los migrantes como víctimas vulnerables que necesitan la seguridad que supuestamente ofrece el sistema (es decir, *protección* frente a los traficantes).

La criminalización de la migración, del movimiento, ya sea expresada en un lenguaje duro o blando, subraya un punto básico y brutal: las fronteras son sistemas para administrar la muerte masiva.

¿Cómo se llama un viaje, en un barco destartalado y peligrosamente sobrecargado, que se cobra en cuestión de segundos la vida de cientos de personas en su intento desesperado por cruzar del norte de África a Europa? El caso del naufragio del Pilos en junio de 2023 no es más que el ejemplo de una pesadilla recurrente. Las pruebas y los testimonios de supervivientes sugieren que los repetidos intentos de la guardia costera por remolcar el barco hacia aguas italianas, y no hacia el rescate y la seguridad en la costa griega, provocaron finalmente su naufragio. De las 750 personas que se estima que iban a bordo fueron rescatadas con vida un centenar y finalmente sólo se recuperaron ochenta cadáveres del mar. La mayoría era hombres procedentes de Siria, Pakistán, Afganistán y otros países asiáticos; las mujeres y los niños que se encontraban bajo cubierta no tuvieron ninguna oportunidad. ¿Cómo se llama un viaje así si no es un barco de la muerte? Un barco de la muerte supervisado por agentes de seguridad. ¿Cómo se debería llamar a esos agentes?

El naufragio de Pilos fue todo menos un incidente imprevisible o aislado. Solo en 2021, más de 3000 personas murieron o desaparecieron al intentar cruzar a las costas europeas, a través de rutas en el Mediterráneo o el Atlántico, desde países de las costas de África occidental. Esto supuso un aumento con respecto a las aproximadamente mil ochocientas personas que, según ACNUR, habían muerto o desaparecido en las mismas rutas el año anterior. Y, sin embargo, estas cifras recientes apenas igualan la masacre de mediados de la década de 2010, cuando el número de personas muertas o desaparecidas alcanzaba los cuatro o cinco mil al año. La Organización Internacional para las Migraciones (OIM) informa de que los migrantes muertos o desaparecidos en el Mediterráneo entre 2014 y 2023 serían en torno a 28 000, y añade que incluso los mejores esfuerzos de recopilación de datos probablemente pasen por alto a los migrantes que desaparecen sin dejar rastro en el mar o cuando se producen naufragios sin supervivientes; cualquier cifra documentada es, por definición, un recuento por debajo de la realidad. Más allá del Mediterráneo, la OIM da cuenta de más de 54 000 muertes y desapariciones en todo el mundo desde 2014. La inmensa mayoría de las muertes se deben a la exposición a la intemperie, la falta de refugio y suministros adecuados, y a enfermedades no tratadas debido a falta de acceso a la atención médica. En otras palabras, condiciones vinculadas a las necesidades humanas básicas y a la negativa de los Estados a atender o ayudar a satisfacer dichas necesidades. Esta negativa se lleva a cabo en nombre de la seguridad y es activamente sancionada por los regímenes fronterizos de todo el mundo, alegando que se enfrentan a una «crisis» de refugiados sin precedentes.

Seamos claros: la violencia de las fronteras no es en sí misma nada excepcional ni, ciertamente, nada nuevo. Una vez más, no se trata de un estado de excepción.

El precio de las fronteras se paga en vidas humanas y medios de subsistencia. Recordemos, por ejemplo, cómo más de dos millones de personas pagaron con su vida el desplazamiento forzoso provocado por la partición de la India, y cómo aproximadamente medio millón de personas murieron entre Grecia y Turquía en 1923. La creación de fronteras coloniales en África condujo a segregaciones violentas y a la fragmentación de grupos étnicos en múltiples estados. En el Cuerno de África, las fronteras coloniales dividieron a los somalíes en la Somalia francesa, la Somalia británica, la Somalia italiana, la Somalia etíope y la región somalí del norte de Kenia. La defensa de la frontera en las llamadas guerras «convencionales» lo demuestra de la manera más sucinta: más de 70 millones de personas murieron solo durante la II Guerra Mundial, por ejemplo. La violencia en cuestión forma parte del papel de la frontera en la reordenación de las personas y el espacio, concentrando la riqueza y desplazando la destrucción.

Trazar fronteras coloniza. Esto es, en parte, lo que Marx quiso decir cuando escribió sobre la «colonización sistemática». Las fronteras desmembraron la Isla Tortuga, lo que los pueblos indígenas de Norteamérica llamaban al continente. Las potencias europeas y los estados coloniales que engendraron intentaron expulsar a las poblaciones indígenas de sus tierras y medios de vida, creando nuevas fronteras en torno a su movimiento permitido por los estados recién formados. A partir de la década de 1880, con mayor intensidad a comienzos de la década de 1900, el Estado canadiense creó una red nacional de parques para conservar y mercantilizar las áreas «naturales», a la vez que impedía que los pueblos indígenas, los cuidadores de estas tierras, «traspasaran» los nuevos límites de los parques. Este proceso supuso el desplazamiento forzado de muchas comunidades indígenas a reservas. Esto fue posible gracias a las migraciones simultáneas de cientos de miles de colonos europeos para colonizar esas tierras. El Estado canadiense trabajó para consolidar este nuevo territorio fronterizo con la intención de facilitar la extracción de recursos, recibir turistas europeos y promover la financiación del nuevo Estado, lo que provocó más muertes masivas, desplazamientos y ecocidios.

Lejos de resultar acontecimientos raros o aislados, este sacrificio masivo de poblaciones humanas y otras formas de vida no humanas nos recuerdan que la muerte y la pérdida son consecuencias inevitables de las fronteras, que con demasiada frecuencia se racionalizan como «daños colaterales». Estas muertes van acompañadas de la destrucción paralela de vidas a causa de los desplazamientos masivos. Solo en 2022, ACNUR descubrió que el número de refugiados aumentó a más de 35 millones; más de la mitad procedían de Siria, Afganistán y Ucrania. Si bien la guerra y los conflictos militares siguen siendo las causas principales, cada vez están cobrando más importancia el colapso medioambiental y otras «catástrofes» (un término del que hablaremos más en el capítulo siguiente). La ONU estima que habrá 1200 millones de refugiados climáticos para mediados de siglo. Este desplazamiento masivo se debe al insaciable afán de lucro del capital en todo el mundo: agotando los recursos naturales y aniquilando el medio ambiente, ya sea mediante la contaminación o la destrucción directa, a menudo en nombre del «desarrollo y la seguridad». En su forma presente, la seguridad en cuestión se alinea con la misma lógica que hemos discutido anteriormente, en forma de seguridad hídrica, seguridad energética, seguridad alimentaria y seguridad climática.

Las fronteras provocan asesinatos sociales y muertes masivas.

Esta centralidad de la muerte ha dado lugar a una serie de eslóganes como «fronteras abiertas», «derecho a la libre circulación», «humanitarismo» y, por supuesto, «seguridad humana». Sin embargo, estos términos no ofrecen escapatoria a la trampa mortal. Y, al surgir como respuesta al reconocimiento de la violencia fronteriza, no son nada nuevos. Al final de la II Guerra Mundial, por ejemplo, las Naciones Unidas declararon en 1948 el derecho a la circulación dentro de los Estados, así como el derecho inherente a salir de ellos.

En principio, el derecho de circulación y el derecho a salir son loables, pero en realidad son mitos. Ambos han estado siempre, y siguen estando, sujetos a requisitos soberanos y a la vigilancia estatal del espacio y los cuerpos. Las personas no tienen derecho a entrar en otros Estados, porque esos «derechos» se administran en nombre de la seguridad por los instigadores de las muertes antes referidas, a saber, los funcionarios de inmigración, los guardias fronterizos, los burócratas o, incluso, los vigilantes designados por los estados capitalistas para otorgar o denegar los derechos según les convenga. A pesar de lo que se nos dice, no existe libertad de circulación, salvo para el capital. La circulación siempre está cuidadosamente vigilada. La llamada «libertad de circulación» en el espacio Schengen de la «Europa unida», por ejemplo, donde veintisiete Estados operan sin controles formales de pasaportes en sus fronteras compartidas, no es más que una ilusión de libertad si se considera el aparato de seguridad erigido para respaldarla. Para compensar la ausencia de controles fronterizos, el Sistema de Información de Schengen (SIS) reúne un inmenso volumen de datos administrativos y biométricos sobre el estatus de las personas, incluyendo fotos, huellas dactilares y palmares, y registros de ADN. Es probable que pronto se amplíe al reconocimiento facial. Todo ello establece a quién se le puede negar la entrada a un país en nombre de la seguridad. La seguridad fronteriza sigue siendo el principio operativo, incluso cuando la frontera física supuestamente desaparece. La Europa abierta es la Europa-Fortaleza, un vasto régimen de seguridad que vigila a sus propios súbditos en el «interior», además de restringir la entrada a quienes vienen de fuera.

El carácter ilusorio de la libertad europea queda ilustrado en la prerrogativa de los Estados Schengen de reintroducir controles fronterizos como respuesta a «amenazas graves» para el orden público o la seguridad interior. También es prerrogativa del Estado determinar qué amenaza se considera grave. La mayoría de los Estados Schengen reintrodujeron los controles fronterizos en el contexto de la pandemia en la primavera de 2020, y varios los mantuvieron durante períodos de tiempo más o menos largos durante el invierno de 2020-2021. Del mismo modo, estas medidas «temporales» pueden ser aplicadas en respuesta a otras amenazas, como supuestas amenazas a infraestructuras, a actividades de inteligencia de agentes extranjeros, a tendencias de migración irregular o a los megaeventos de las élites (como la cumbre de la OTAN en Lituania en julio de 2023). En nombre de la seguridad, la frontera desafía todos los derechos y libertades del mismo modo que invalida las consideraciones humanitarias.

En la frontera, nuestra condición de amenaza para la seguridad se hace evidente, junto con nuestra mentalidad securótica. En parte, el nivel de amenaza puede determinarse de antemano mediante sistemas como el de Schengen o los programas de (exención de) visados pero, en última instancia, siempre queda al albur de la seguridad fronteriza. Pasar por la inspección de seguridad fronteriza significa entrar en categorías del poder policial, determinadas y ejercidas mediante un *continuum* de la ley y la administración. Los funcionarios de seguridad fronteriza tienen derecho a detener a cualquier persona sujeta a los controles de inmigración por los que pasan obligatoriamente todos los viajeros. Sin embargo, como era de esperar, el «derecho a la libre circulación» de un agente de policía dentro de Schengen se mantiene a través de la «doctrina de persecución en caliente», lo que demuestra, una vez más, que el único documento que hace que una persona sea verdaderamente *libre* respecto a las fronteras es la placa policial.

Sin embargo, la figura que se deja entrever en el horizonte es la del refugiado, foco de toda una serie de poderes policiales, y no solo en la frontera. En Europa, estos poderes incluyen la Oficina Europea de Apoyo al Asilo, Frontex (la fuerza de seguridad fronteriza de la UE), Europol y la Agencia de Cooperación Judicial de la UE. Un refugiado que logra sobrevivir a la brutal travesía se convierte inmediatamente en objeto de las tecnologías fronterizas de identificación y registro, con la gama habitual de detalles biométricos tomados como parte de lo que es, en efecto, una guerra policial internacional contra el migrante.

En consecuencia, la «libre circulación del capital» en absoluto guarda paralelismo con una circulación igualmente libre de la mano de obra, que desde el inicio del capitalismo se ha controlado a través de la frontera. Ello ha reforzado la frontera como una tecnología política integral y funcional de cara a la formación y reproducción del sistema de estados. Los individuos no poseen el derecho incondicional a salir de su propio Estado: ese «derecho» depende de la posesión de un pasaporte y de los controles físicos y electrónicos asociados. El pasaporte es un permiso formal para viajar, otorgado por el soberano y que puede ser retirado en cualquier momento por razones de seguridad. Mientras tanto, el pasaporte funciona como una herramienta de identificación para fines de la administración política. Y la entrada a otro país siempre queda sujeta al permiso del Estado soberano al que se intenta entrar, que se puede denegar en nombre de la seguridad. Este hecho crea categorías policiales como «ilegales» o «indocumentados» cuya aparente neutralidad enmascara el sometimiento a un sistema que documenta burocráticamente todo lo que existe. Ser indocumentado es, a ojos del estado de seguridad, no ser nada. Presupone que uno es, por definición, ilegal hasta que se demuestre lo contrario.

Para ser claros, abordar los daños que provocan las fronteras, y la propia delimitación de las fronteras, no pueden depender de respuestas normativas basadas en sujetos jurídico-políticos claramente definidos a ambos lados de la frontera. Este estatus puede ser fácilmente negado («migrantes indocumentados», «solicitantes de asilo») y revocado. Los debates emergentes sobre la ciudadanía como privilegio y la tendencia a tratar la migración a través del derecho penal («*crimmigration*») en lugar del derecho administrativo subrayan este punto. Esto debería servir como un recordatorio constante de que los controles fronterizos no se limitan a lo que ocurre en las fronteras territoriales, o incluso dentro de las zonas fronterizas, sino que permean al conjunto de las relaciones sociales bajo el capitalismo. Instituyen categorías y clasificaciones y, por lo tanto, dividen a las poblaciones como parte de la propia construcción del orden social. La formación y existencia de fronteras sustenta las categorías ideológicas de «nosotros» y «ellos» al movilizar el aparato institucional del estado capitalista. Lo que esto significa es que los daños causados por las fronteras no pueden repararse con protecciones legales ni más derechos.

Las fronteras generan una ilusión de pertenencia e igualdad formal dentro de ellas, en forma de «comunidad nacional», articulando falsamente el sentido común de las fronteras nacionales como marcadores naturales de una comunidad y, por lo tanto, el sentido común de negar la pertenencia a otros y castigarles violentamente por buscar pertenencia o, incluso, por el mero hecho de buscar refugio. En este sentido, las fronteras refuerzan la ilusión de seguridad y, de hecho, son fundamentales para sostener dicha ilusión. Vivir dentro de una frontera somete a las poblaciones a una implacable homogeneización de personas y territorios llevada a cabo por el estado capitalista, lo cual implica una vigilancia agresiva del idioma nacional, las costumbres y las diferencias locales. Conlleva también violencia tanto simbólica como física. Limitar y asegurar la identidad, la cultura y la tradición nacionales implica una guerra policial implacable.

En la medida en que fabrica no sólo enemigos externos sino también internos, la seguridad fronteriza es una forma de violencia, una fórmula para la extinción de la diversidad lingüística y cultural y, en última instancia, para el genocidio.

En lugar de reclamar fronteras más laxas o humanas, o la reinstauración del «derecho a la circulación», una respuesta más productiva es poner en tela de juicio la legitimidad de las fronteras *per se*. Desde sus inicios en la década de 1990, los activistas de No Borders han cuestionado no solo la legitimidad de las restricciones a la (im)migración, como vallas, muros y escáneres biométricos, sino también la naturalidad implícita de las fronteras nacionales y regionales, así como las distinciones entre los sujetos y las poblaciones que vigilan. Lo que distingue a No Borders —y singularmente radical— es que se niega a hacer concesiones en los términos del debate sobre un enfoque más justo, más equitativo o más «humano» del control territorial. Por el contrario, exige la libertad universal de *desplazarse* y de *permanecer* en su lugar. Y con el tiempo, la política de rechazo de No Borders se ha convertido en una campaña por la abolición de las fronteras y el fin de los muros y las jaulas.

A nuestro modo de ver, la abolición de las fronteras y el espíritu de rechazo que la sustenta son parte integral de la abolición de la seguridad. Hablar de abolición de la seguridad es hablar de la abolición de las fronteras. De hecho, como los abolicionistas de las fronteras llevan mucho tiempo argumentado, a pesar de la grotesca violencia que infligen los ejemplos más obvios de fronteras tales como muros, vallas y alambre de espino, existen otras formas más sutiles: los cambios legales y burocráticos, el papeleo que niega a las personas el acceso a su «derecho» a la libre circulación, etcétera. Por lo tanto, es necesario deconstruir las diversas capas de la idea de frontera para comprender sus diversas manifestaciones y los diferentes tipos de trabajo que desempeña en la construcción de relaciones, la clasificación de las personas y la creación de divisiones entre ellas. Esto implica dejar de centrarse únicamente en la idea de la frontera estatal, pero también, en segundo lugar, abandonar el concepto de la frontera como algo fijo. En otras palabras, debemos reconocer las fronteras que atraviesan el sistema capitalista en su totalidad, que las fronteras pueden existir o ser redefinidas no solo en diferentes escalas geográficas (como las zonas francas), sino también en los diversos contextos en los que se produce la explotación de la fuerza de trabajo.

Bajo la rúbrica de la seguridad fronteriza los países ricos ignoran el hecho evidente de que las relaciones Norte-Sur son en sí mismas el problema. La insaciable demanda del Norte de bienes baratos (no solo de «recursos naturales» y mano de obra, sino también de drogas y *pollution sink*)[6] produce la miseria, la violencia y el colapso climático que subyacen a la «crisis migratoria». En lugar de afrontar estas realidades, el Norte Global utiliza la seguridad fronteriza para administrar el flujo de humanidad excedente mediante vallas y muros, registros, vigilancia, encarcelamiento, deportación y, en última instancia, la muerte. Intimida a quienes residen dentro fabricando miedos a los inmigrantes ilegales, a los terroristas, o a los carteles de la droga. El miedo obliga a otros a participar en la pacificación de la frontera, a veces, como en el caso de los vigilantes de extrema derecha, creando un electorado que engatuse al Estado para que tome medidas más agresivas.

La idea de la frontera y su seguridad ha causado estragos en las comunidades y entornos naturales, y parece haber una fuente ilimitada de recursos materia-

6   Lugares receptores de contaminación. [N. de E.].

les y un fervor racista entre la clase política para seguir haciéndolo. Sin embargo, esa idea continúa siendo hegemónica, como algo natural y necesario, y cuenta con una gran base electoral. Se ha transformado en una forma más del sentido común. La izquierda se ha estado autodestruyendo durante décadas al defender la frontera al servicio de la socialdemocracia y al aceptar la forma nacional como algo que realmente necesita ser defendido contra las hordas externas.

Por ser claros, nuestro argumento no se formula en el lenguaje del capital. No estamos argumentando que los migrantes son «buenos para la economía», que «aumentan la productividad», que «contribuyen a la creación de riqueza», que son «necesarios para trabajos clave» y cosas por el estilo. Tampoco se concibe en el lenguaje de la tesis de la «militarización». La llamada «militarización de la frontera» no es el problema, como tampoco lo es la llamada «militarización de la policía» tampoco lo es. *El problema es la frontera.*

La abolición de la seguridad se refiere, por supuesto, al desmantelamiento literal de las infraestructuras fronterizas que administran y racionalizan la muerte masiva, pero va mucho más allá. También se ocupa de desmantelar y rehacer la imagen predominante del mundo como un conjunto de unidades territoriales concretas y delimitadas, Estados-nación y sujetos securóticos. La abolición de las fronteras ofrece un horizonte irreductiblemente internacionalista y, por lo tanto, es clave para la abolición de la seguridad. Es uno de los principios fundamentales del comunismo. Pueblos de todos los países, uníos: ¡no tenemos nada que perder salvo las cadenas de la seguridad fronteriza!

5

KEEP CALM AND CARRY ON [7]

El 6 de febrero de 2023, dos terremotos sacudieron las regiones del sureste de Turquía y Siria. Alcanzaron los 7,7 y 7,8 grados en la escala de Richter y se registraron en 10 ciudades turcas. Según las cifras oficiales, murieron alrededor de 54 000 personas, la mayoría aplastadas por el derrumbe de edificios. Muchas otras resultaron heridas de muerte y otras tantas perdieron sus hogares. En ciudades como Hatay, Osmaniye y Malaty barrios enteros quedaron destruidos. En Siria, murieron otras 8000 personas y se estima que 1,5 millones de personas perdieron sus hogares. Como era de esperar, se estima que estos terremotos están entre los peores de la región en un milenio.

La respuesta del Estado turco era previsible: se trata de una terrible catástrofe natural. Terrible, sí, pero ¿«natural»? Definir una catástrofe en relación con las misteriosas fuerzas de la naturaleza es muy habitual. Lo que está implícito es que ante un poder tan impo-

---

7 Mantén la calma y sigue adelante. Esta edición mantiene la forma inglesa en todo el texto por formar parte del acervo cultural actual. [N. de E.].

nente, los seres humanos, y en consecuencia también las construcciones humanas como el Estado, están infedensos. Así es como el Estado y el capital presentan los desastres: subrayando su carácter natural. Lo que se nos dice es que debemos mantener la calma y esperar a que pase el desastre y, mientras tanto, protegernos con nuestros propios medios. Sin embargo, cuando examinamos la categoría de «catástrofe natural» lo que vemos es que desempeña un papel significativo en la securitización y, por tanto, en la despolitización de las catástrofes, ocultando el papel del Estado y del capital.

De hecho, en ninguna parte se expone la realidad de la sociedad de clases con más claridad que en los acontecimientos etiquetados como «catástrofes». En ellos se pone de relieve la producción de diferencias estructurales y sistémicas dentro del orden social, lo cual hace que algunos grupos sean más susceptibles a una muerte prematura. No solo los terremotos, sino también las inundaciones, las sequías, las erupciones volcánicas y, por supuesto, las epidemias, afectan a la clase trabajadora en mayor medida.

Por lo tanto, el impacto de un desastre está determinado socialmente antes de que se haya contabilizado ningún cadáver, independientemente de lo «natural» que parezca. Según la base de datos internacional de catástrofes EM-DAT, de las 26 000 catástrofes registradas desde 1900, 1283 están relacionadas con terremotos. El terremoto de Turquía de 2023 figura entre los más mortíferos, junto con el de Tangshan (China) de 1976 (232 000 muertes), el que devastó Haití en 2010 (222 000 muertes) y el tsunami de 2004 (165 000 muertes solo en Indonesia). Para 2022, EM-DAT documentó 12 588 catástrofes, 50 000 muertes y 186 millones de personas afectadas. Además de terremotos e inundaciones, destacaron las sequías, que afectaron a 88,9 millones de personas en África en 2022, así como el creciente impacto de las olas de calor, que mataron al menos a 16 000 personas solo en Europa.

Al igual que en muchos otros casos de diferentes partes del mundo, esta destrucción estructural y sistemática fue parte de la masiva regeneración y construcción urbana que el Estado turco había prometido a la población durante los últimos veinte años. La historia de la urbanización en Turquía siempre ha estado entremezclada con la proletarización, las ocupaciones y las amnistías de zonificación.[8] Desde principios del siglo XXI, la mercantilización de la tierra alcanzó una nueva fase, con grandes extensiones expropiadas por el capital. Una de las principales razones aducidas para el número sin precedentes de proyectos de transformación urbana, que terminaron con el desplazamiento y la expropiación de cientos de miles de personas (mayormente pobres urbanos), fue la amenaza sísmica. Muchas regiones de Turquía son zonas sísmicas. La historia del país está repleta de terremotos destructivos que han costado innumerables vidas y han provocado otros tipos de pérdidas. En ese sentido, el Estado utilizó muy hábilmente la amenaza de terremotos como justificación para habilitar el acceso a la tierra para el capital. Los proyectos de transformación urbana se subcontrataron a grandes conglomerados de la construcción, muchos de ellos con relaciones orgánicas con altos cargos políticos.

¿Por qué todo esto es relevante? Porque la palabra clave que se esperaba que diera sentido a todo esto era, por supuesto, «seguridad». La gente conocía muy

---

8   La amnistía de construcción es un conjunto de leyes turcas que legalizan edificaciones que, en principio, son ilegales. [N. de E.].

bien los peligros de vivir en una zona sísmica y, por lo tanto, se les contó una historia de «seguridad contra los terremotos». Aziz Yeniay, alcalde de un municipio de Estambul, anunció que la ciudad estaba en guerra contra los terremotos, razón por la cual «el Estado debería incluir el proyecto de transformación urbana de Estambul en el ámbito de la "seguridad nacional"». El Estado se suponía que iba a garantizar esta forma de seguridad antisísmica mediante un programa de regeneración urbana ejecutado por el capital. *Keep Calm and Carry On*, un eslogan de guerra inventado por el Estado británico en 1939, y que desde entonces se ha convertido en un meme de la pacificación global, estaba a la orden del día, también en Turquía.

Y, ¿qué ocurrió al final? ¿Qué aportó realmente esa seguridad antisísmica? Después de veinte años dedicados a la reconstrucción urbana; tras construir, bloque tras bloque, nuevos inmuebles que ofrecían seguridad antisísmica, generando millones en beneficios, los bloques simplemente se derrumbaron uno tras otro al primer temblor. Muchos de los edificios que se derrumbaron se habían construido en el marco de la transformación urbana para ofrecer «seguridad antisísmica». En 2018, un informe elaborado por la agencia gubernamental a cargo de supervisar el cumplimiento de los códigos de construcción reveló que *más de la mitad de todos los edificios* de Turquía no cumplían las normas vigentes. Usando atajos y haciendo recortes, se habían ignorado estándares y normas, y se habían utilizado materiales de calidad inferior. Las empresas que participaron en los proyectos de construcción utilizaron repetida y abiertamente hierro, acero, hormigón y arena de la calidad más ínfima. No se colocaron los cimientos correctos. Sus prácticas laborales fueron tan deficientes que había una alta rotación de trabajadores. ¿Quién podría imaginar lo que ocurriría en caso de terremoto? O más bien, ¿*cuándo ocurriría*, ya que *todos sabían que iba a ocurrir*? Un proyecto de reconstrucción urbana de veinte años en nombre de la seguridad antisísmica dejó más de 53 000 cadáveres, innumerables heridos y mutilados, y cientos de miles de personas sin hogar. ¿Una catástrofe natural? ¿O un asesinato social a escala desastrosa?

Como muchos han dicho antes, no existen las catástrofes naturales. En todos los casos, el número de muertes es, en mayor o menor medida, una cuestión social. Los terremotos de Turquía lo han confirmado, al igual que casi todas las catástrofes calificadas como «naturales». A modo de comparación, sabemos que se pueden construir edificios antisísmicos y que funcionan. En Chile, dentro de la zona sísmica más mortífera del planeta, el Cinturón Circumpacífico (también conocido como Anillo de Fuego), un terremoto de magnitud 8,2 en 2014 tuvo las siguientes consecuencias: cuatro personas murieron de infartos y otras dos murieron aplastadas. En 1976, la Unidad de Investigación de Desastres de la Universidad de Bradford abogó por eliminar la idea de «naturalidad» y de «catástrofes naturales», y señaló que los guatemaltecos que habían sobrevivido a un terremoto a principios de ese mismo año usaban un término completamente diferente: *classquake* [terremoto de clase]. Es un término que refleja bastante bien el sentido de lo que ocurre: las muertes no son producidas por el poder de la tierra, sino por el poder de una clase. Las catástrofes se producen socialmente y se gestionan políticamente. Dado el carácter político de las muertes, deberíamos llamarlas por su verdadero nombre: asesinato social.

Las víctimas fueron asesinadas por el capital operando con la connivencia del Estado. El capital, una vez más, no dudó ni por un momento en sacrificar vidas humanas en aras del beneficio. *Keep Calm and Carry On*.

Esa priorización de las ganancias en Turquía, bajo el pretexto de la seguridad frente a los terremotos, discurre en paralelo al enfoque de otros estados que conectan la preparación de catástrofes con la seguridad. En Estados Unidos, por ejemplo, la Agencia Federal para la Gestión de Emergencias pasó a formar parte del Departamento de Seguridad Nacional, tras su creación en 2002. En esos años, era bien sabida la probabilidad de que un gran huracán devastara Nueva Orleans. A pesar de la información, el Estado continuó permitiendo que las corporaciones se apropiaran de cientos de kilómetros cuadrados de humedales para el desarrollo inmobiliario, erosionando la protección natural que proporcionaban a la ciudad. Se recortó el gasto público en bombeo y mejora de diques. Y como se mostró en el *Informe Final de la Comisión Bipartita para Investigar la Preparación y Respuesta al Huracán Katrina* (2006), la intensificación de la guerra contra el terrorismo hizo que se cancelaran los fondos federales destinados a los estados para la preparación ante catástrofes, a menos que incluyeran preparativos para la seguridad contra ataques terroristas, desviando así recursos y debilitando la preparación y prevención.

Estas tragedias contemporáneas reproducen una historia desde lo más profundo de la imaginación burguesa y repiten una de las actuaciones rutinarias de seguridad por parte del Estado. Las secuelas del terremoto de Lisboa son un ejemplo temprano de dicha imaginación y actuación. En la mañana del 1 de noviembre de 1755, un terremoto sacudió Lisboa. El seísmo fue de tal magnitud que aun se considera el peor ocurrido en Europa, con una intensidad de 8,5 a 8,6 grados en la escala de Richter en tres olas. En unos 20 minutos redujo la ciudad a escombros. Los temblores se sintieron a cientos de kilómetros de distancia, en Bretaña, Normandía y Estrasburgo, mientras que un tsunami alcanzó Londres por la tarde y el Caribe por la noche. Sucedió a mediados de un siglo y en un continente conocido por la Ilustración, una época en la que parecía que la razón y la ciencia podían permitir y permitirían a la burguesía gobernar el mundo y transformarlo progresivamente. Dominaba el optimismo burgués y la creencia de esa clase en su propio progreso continuo. Esta posición fue conocida como «panglosiana», llamada así por el personaje ridículamente optimista del Doctor Pangloss en *Candide* (1758) de Voltaire, y se convirtió en una frase de la época, como «todo está bien» y éste es el «mejor de todos los mundos posibles». En sus escritos posteriores al terremoto de Lisboa, Voltaire trató de pinchar la burbuja de este optimismo idiota, cuya absoluta estupidez, en su opinión, se había revelado precisamente con el seismo lisboeta. Volveremos a ese optimismo más adelante. Aquí, vale la pena señalar una escena de *Candide* que tiene lugar en Lisboa después del terremoto. Se cuenta que, tras el terremoto, las autoridades portuguesas decidieron que no hay forma más segura de evitar un desastre total que proporcionar a la gente un *auto-da-fé*, «acto de fe», el término que se utilizaba para describir la quema pública de herejes durante la Inquisición contra musulmanes y judíos en Iberia[9] y contra los pueblos indígenas en la «Nueva España». Al parecer, algunos sabios de la Universidad de Coimbra habían declarado que la visión de unas per-

9   Iberia en el original. [N. de E.].

sonas siendo quemadas vivas ceremoniosamente sería definitivamente la forma de prevenir nuevos desastres. En otras palabras, el secreto para prevenir desastres era aumentar las medidas de seguridad: encontrar a individuos a quienes perseguir y ejecutar.

Como era de esperar, después de los terremotos en Turquía de febrero de 2023, un memorando presidencial declaró la clásica medida de seguridad: el estado de emergencia. Se preveía que funcionara durante tres meses en 10 ciudades. Los partidos de la oposición argumentaron que la declaración del área como «zona catastrófica» en virtud de la Ley de medidas relativas a desastres que afectan a la vida pública y de Asistencia de Socorro sería suficiente para llevar a cabo el programa de rescate, y que el estado de emergencia era innecesario y excesivo. Pero el estado de emergencia siguió adelante. Se suspendieron la negociación colectiva y el derecho a huelga, se prohibieron las protestas y se censuraron varios medios de comunicación. Se bloquearon las redes sociales y se redujo la velocidad de internet justo cuando su acceso era crucial para las misiones de búsqueda y rescate de supervivientes.

Al igual que en Nueva Orleans durante el huracán Katrina, después del terremoto en Turquía hubo informes sobre personas que vestían uniformes de camuflaje y portaban armas de cañón largo, aparentemente eran fuerzas de operaciones especiales deambulando por las calles y viajando en vehículos sin matrícula. También se vieron tanques pánzer de la policía (del modelo «escorpión») circulando sin placas. Hubo informes de soldados y policías que insultaron, golpearon e incluso mataron a supuestos «saqueadores» y «ladrones». Como parte del intento de controlar a los medios de comunicación durante esta ofensiva de seguridad, se iniciaron investigaciones contra aquellos periodistas y activistas que criticaran las medidas de seguridad del Estado y señalaran el fracaso de las tareas de rescate. Algunos fueron detenidos por «incitar al público al odio y la enemistad», «difundir información engañosa públicamente» e «insultar al presidente». El Consejo Supremo de radio y televisión suspendió programas y multó a varios canales de televisión, portales de noticias y plataformas mediáticas. Tras el terremoto y sin ayuda estatal, muchas víctimas se apropiaron de suministros básicos en mercados y centros comerciales, dado que su supervivencia dependía de estos actos de desmercantilización y reapropiación. Mientras calificaba de saqueadoras a estas personas, el presidente Erdoğan declaró el estado de emergencia con el propósito de detener el saqueo de mercados y centros comerciales, revelando así qué es realmente importante asegurar para el Estado: que la propiedad privada prevaleciera sobre las necesidades humanas, incluso en una zona catastrófica. Esto es algo que vemos constantemente. A raíz del huracán Katrina, cuando la Guardia Nacional finalmente llegó, tras cierto retraso, rápidamente se hizo evidente que su objetivo era proteger la propiedad, no llevar ayuda a los necesitados. Se impidió, a punta de pistola, que los ciudadanos enfurecidos cruzaran las fronteras de la ciudad, al mismo tiempo que se dispersó a los grupos que intentaban distribuir alimentos, agua y refugio.

De este modo, el verdadero significado de la «seguridad contra terremotos» se vuelve dolorosamente claro. ¿Seguridad de que no te mate tu propia casa? ¿Seguridad de no morir aplastado por el edificio en el que vives o trabajas? ¿Seguridad de saber que los edificios donde dormís tú y tus seres queridos han sido construidos para resistir terremotos? No, no y no. «Seguridad antisísmica» significa que si sobrevives al terremoto y te enfrentas y criticas al Estado por no brindarte ayuda y «seguridad», el Estado intervendrá y te aplastará de otra manera, te considerará un enemigo y te vigilará en consecuencia. Todo en nombre de la seguridad. *Keep Calm and Carry On.*

La interminable sucesión de desastres lo arruina todo y, aun así, de alguna manera, logra mantener intacto, cada vez más fortalecido, el *estado de seguridad*. Este continuo de catástrofes evoca los comentarios de Walter Benjamin en su ensayo *Parque central* (1939), según los cuales «el concepto de progreso debe fundamentarse en la idea de catástrofe. Que las cosas se mantengan en *statu quo* es la catástrofe».

Voltaire, en una carta a M. Tronchin fechada el 24 de noviembre de 1755, observó que «mientras unos pocos farsantes santurrones queman a unos cuantos fanáticos, la tierra se abre y se traga a todos por igual». Sin embargo, esto no es del todo cierto. La tierra se traga a muchos, pero no a todos, y vale la pena detenerse a considerar el comportamiento de quienes no se ha tragado la tierra. Hay algo muy peculiar en los desastres, y es que cuando ocurren, los mismos Estados que han pasado años diciéndonos lo primordial que es la seguridad de sus ciudadanos parecen simplemente… desaparecer. Al menos por un tiempo. En cada desastre se hace evidente que la planificación de emergencia ha sido inadecuada e, igualmente, en cada desastre los afectados se hacen la misma pregunta: ¿dónde está el Estado? Este ser que ha dedicado tanto tiempo y energía a hostigarlos y vigilarlos excesivamente parece desaparecer por un tiempo. En el caso del terremoto en Turquía, Erdoğan, pocos días después del desastre, aceptó abiertamente la situación y se disculpó por la lenta respuesta del Estado turco (al mismo tiempo que se jactaba de contar con el mayor equipo de búsqueda y rescate del mundo). Turquía siguió un patrón: inmediatamente después de la catástrofe —a menudo mientras aún se estaba produciendo— la respuesta inmediata y contundente de la propia gente, mediante formas locales de autoorganización, puso de relieve la ausencia clamorosa del Estado. Sin embargo, en cuanto uno termina de preguntarse «¿dónde está el Estado?», algo más se hace evidente: la respuesta inmediata (¿nos atreveríamos a decir «humana»?) por parte de la propia gente. Y en lugar de quedarse sentadas hablando de seguridad, las personas se movilizan en torno a un conjunto de valores diferente.

Lo que surgió rápidamente en Turquía fueron estructuras comunitarias de cuidado y cooperación. Personas de diferentes partes del país se organizaron en muy poco tiempo para ayudar a la región devastada; establecieron equipos de búsqueda y rescate; organizaron bienes esenciales para satisfacer necesidades como alimentos, agua, tiendas de campaña y productos de higiene; brindaron asistencia médica voluntaria; recaudaron fondos para la construcción de casas prefabricadas como soluciones temporales de alojamiento; y establecieron redes para rescatar, alimentar y reubicar a animales en la zona. La gente convirtió sus hogares en espacios de acogida, y compartió sus ingresos y cualquier otra cosa que considerara que las víctimas pudieran necesitar. Hablar de seguridad era innecesario (exactamente de la misma manera que señalamos anteriormente en las luchas abolicionistas).

Algo parecido ocurrió en Nueva Orleans tras el huracán Katrina. El colectivo Common Ground surgió en los barrios más pobres y devastados de la ciudad.

Se originó en las redes sociales de un antiguo miembro de los Panteras Negras y a través de la movilización regional de grupos de izquierda. Common Ground brindó rápidamente atención médica y comenzó a desmantelar las casas dañadas. Instalaron clínicas médicas y centros de computación. Biorremediaron zonas tóxicas. Se apoderaron de un edificio de 350 apartamentos y rehabilitaron 150 antes de que el propietario incumpliera su acuerdo verbal con el colectivo y lo vendiera a una inmobiliaria. Mientras tanto, el gobierno federal, vergonzosamente superado por el apoyo mutuo de base en casos de catástrofes, envió al FBI para infiltrarse y destruir el colectivo.

Lo que era necesario y ocurrió continuamente (¿nos atrevemos a decir de modo natural?) después de tales desastres; actos de solidaridad y de creación de comunidad.

¿No te convence? Tomemos un documento llamado *The Resilient Social Network,* que se preparó en 2013 para estudiar qué lecciones podrían extraerse de la catástrofe que supuso el huracán Sandy en 2012. Fue elaborado nada menos que por el Departamento de Seguridad Nacional. El informe concluyó que «los gobiernos federal, estatal y local no respondieron con rapidez y eficacia». En su lugar llegaron las personas organizadas como Occupy Sandy que, como su propio nombre indica, estaba relacionado con Occupy Wall Street (OWS). El Estado consideraba a la OWS una grave amenaza para la seguridad, un enemigo del Estado y, por lo tanto, objeto de medidas policiales masivas para intentar desmantelarlo. De hecho, cuando se creó Occupy Sandy, inmediatamente después de la catástrofe, la policía local desconfió del movimiento debido a sus raíces en OWS y, en consecuencia, trató a la organización como un problema de seguridad, incluso cuando Occupy Sandy se dedicaba a salvar vidas, brindaba asistencia, echaba una mano para satisfacer necesidades básicas y ayudaba a la comunidad a recuperarse.

Una sección de *The Resilient Social Network* describió los principios filosóficos que empujaban a Occupy Sandy. ¿Era acaso la seguridad? No. Ni siquiera caridad.

> Occupy Sandy se esforzó por ofrecer más que mera caridad. Animó a sus miembros a interactuar con los supervivientes a nivel humano, en cada interacción. Intentó deliberadamente establecer una base igualitaria. Ofrecer apoyo de esta manera transmitía la noción de que «tu lucha es mi lucha». Esto se llama practicar el «apoyo mutuo» y es uno de los principios fundamentales de Occupy Sandy.

Imaginemos un mundo donde, ante una catástrofe, decidamos que tu lucha es la mía, donde resolvamos los problemas inmediatos a través del apoyo mutuo en lugar de vender tonterías sobre la seguridad.

¿Aún no te convence? Considera, entonces, un comentario de Charles Fritz, donde resume 35 años de investigación sobre el bienestar social y mental de las víctimas de catástrofes. En *Disasters and Mental Health* [Catátrofes y salud mental] (1996), Fritz escribe:

> Las víctimas de catástrofes rara vez muestran un comportamiento histérico; la respuesta inicial más común es el aturdimiento o el estado de *shock*. Incluso en las peores catástrofes, las personas mantienen o recuperan rápidamente el autocontrol y se preocupan por el bienestar de los demás. La mayoría de las actividades iniciales de búsqueda, rescate y socorro las realizan las víctimas del desastre antes de la llegada de la ayuda externa organizada. Los informes de saqueos en los desastres son extremadamente exagerados; las tasas de robo y allanamiento disminuyen en los desastres; y se regala mucho más de lo que se roba. Otras formas de comportamiento antisocial, como la agresión hacia los demás y la búsqueda

de chivos expiatorios, son poco frecuentes o inexistentes. En cambio, la mayoría de las catástrofes generan un gran aumento de solidaridad social entre la población afectada, y esta nueva solidaridad tiende a reducir la incidencia de la mayoría de las patologías personales y sociales.

Estos hallazgos son reproducidos por otros. Al escribir sobre Sandy, pero con la vista puesta en respuestas más amplias a otros desastres, Peer Illner comenta en *Disaster and Social Reproduction* [Catátrofes y reproducción social] (2021) que «Occupy Sandy ha demostrado lo que se demuestra una y otra vez en desastres desde Nueva Orleans hasta Filipinas, pasando por Puerto Príncipe. Esto es, que las iniciativas ciudadanas autoorganizadas son mejores en la respuesta temprana a los desastres que las de los grandes organismos gubernamentales». Las prácticas descritas por Fritz, reiteradas en *The Resilient Social Network* [La red social resiliente], reafirmadas por Illner y confirmadas una y otra vez por las víctimas de las catástrofes, revelan un patrón que se olvida fácilmente y en el que, sin embargo, deberíamos insistir. Necesitamos hacerlo porque, como sabemos, nos esperan muchas catástrofes, pero también porque, si queremos superarlas, no lo haremos en nombre de la seguridad y, probablemente, será más bien a pesar de la labor estatal de seguridad, más que debido a ella. Ni el Estado ni el capital nos salvarán de las catástrofes. Ellos *son* la catástrofe. Pero podemos actuar, debemos actuar y actuaremos con solidaridad y apoyo mutuo. Esto implica autoorganización frente a la catástrofe de nuestro mundo. Aún así, una y otra vez, se nos dice que nos acostumbremos a la multiplicación de las catástrofes naturales, como si este fuera el mejor de los mundos posibles.

En su poema «Sobre el desastre de Lisboa; o un Examen del axioma, "Todo está bien"» (1755), Voltaire incluye una invitación a los filósofos de la Ilustración que siguen insistiendo en que este es el mejor de los mundos posibles.

¡Oh infelices mortales! ¡Oh tierra deplorable!
¡Oh espantoso conjunto de todos los mortales!
¡De inútiles dolores la eterna conversación!
Filósofos engañados que gritan: «Todo está bien»,
Vengan y contemplen estas ruinas espantosas.

La idea de que «ahora todo está bien» en el mundo no es, insiste Voltaire, «más que un sueño vano». La muerte de cien mil almas, aparentemente devoradas por la tierra, pero en realidad aplastadas por edificios mal diseñados, socava en cierto modo la idea burguesa del progreso.

Voltaire continúa expresando su *conmoción* por el hecho de que la gente crea que todo está bien en el mundo cuando este yace en ruinas. Más tarde, en 1755, escribió una carta en la que describía la creencia de que este es el mejor de los mundos posibles como «una cruel muestra de filosofía natural».

Nos resultará difícil descubrir cómo operan las leyes del movimiento en catástrofes tan terribles *en el mejor de los mundos posibles* —donde cien mil hormigas, nuestras vecinas, son aplastadas en un segundo en nuestros hormigueros, muriendo en agonías indescriptibles, bajo escombros de los que era imposible sacarlos, familias de toda Europa reducidas a la mendicidad, y las fortunas de un centenar de mercaderes [...] devoradas entre las ruinas de Lisboa—. ¡Qué juego de azar es la vida humana! ¿Qué dirán los predicadores, especialmente si el Palacio de la Inquisición permanece en pie? Disfruto pensando que esos reverendos padres, los inquisidores, habrán sido aplastados al igual que las otras personas.

En la novela de Voltaire, Cándido se encuentra en Lisboa tras el terremoto. Las medidas de seguridad que condujeron al auto de fe incluyen la detención del propio Cándido, junto con Pangloss, dos judíos y un vasco. Encarcelados durante una semana, los sacan y los visten con sotanas de sacrificio y mitras de papel en las que se dibujan escenas de penitencia. Les hacen desfilar por la ciudad vestidos con esos atuendos, les obligan a escuchar un sermón y música, y les azotan al ritmo de la música. Los judíos y el vasco son quemados y Pangloss ahorcado. Medidas de seguridad, por supuesto, para evitar nuevos terremotos. Sin embargo, mientras ocurren estos acontecimientos, se desata un nuevo terremoto. Cándido, allí de pie, cubierto de sangre y aterrado, sólo puede murmurar para sí mismo: «Si éste es el mejor de los mundos posibles, ¿cómo serán los demás?» ¿Somos capaces de imaginar un mundo más allá de la catástrofe?

En 1967, en una conferencia en Berlín titulada «El fin de la utopía», Herbert Marcuse observó que la humanidad estaba entrando en una nueva era, en la que la transformación de la vida humana y del entorno técnico y natural se había hecho posible. Pero esto podría ir en la dirección opuesta. Tenemos la capacidad de producir utopía como hemos visto en numerosos ejemplos de cuidado y comunalidad fuera del alcance del Estado y del capital, pero también «tenemos la capacidad de convertir el mundo en un infierno, y estamos en camino de hacerlo». Ya en 1967, los científicos advertían que la dependencia de los combustibles fósiles arruinaría el planeta. En vano. De hecho, el concepto de ecocidio se inventó tres años después. *Keep Calm and Carry on.*

6

¡REFÚGIATE ALLÁ DONDE ESTÉS!

Hacia finales de cada año, el *Diccionario Collins* anuncia la «palabra del año», una que se haya puesto de moda y que podría pasar a ser parte del vocabulario establecido. ¿La palabra del año en 2022? «Permacrisis». La permacrisis parece una palabra apropiada para captar el espíritu de la época, especialmente porque los editores del diccionario la definen como «un período prolongado de inestabilidad e inseguridad, especialmente como resultado de una serie de eventos catastróficos», o incluso una crisis de seguridad. De hecho, la sensación de catástrofe inminente sigue creciendo y resulta tan poderosa que tenemos genuinamente a la vista la perspectiva del fin de los tiempos. Es debido a ello que tal vez necesitemos una palabra más contundente. Quizás deba provenir de fuera de nuestro vocabulario habitual: apocalipsis. En cualquier caso, el lenguaje es casi oficial: en la COP15, la Conferencia de las Naciones Unidas sobre el Cambio Climático de 2022, Inger Andersen, directora ejecutiva del programa de medio ambiente de la ONU citado anteriormente, describió el cambio en el uso del suelo, la sobreexplotación, la contaminación, la crisis climática y la propagación de especies invasoras como «los cinco jinetes del apocalipsis de la biodiversidad». El uso de la palabra «apocalipsis» aquí no es una metáfora, sino el resultado del feroz agotamiento de los recursos de la tierra — humanos y no humanos— por parte del capital. «Apocalipsis» proviene del griego *apokalypsis*, que significa desvelamiento o revelación de verdades normalmente ocultas. El último libro, «apocalíptico», de la Biblia es el Libro de San Juan, llamado *Apocalipsis*. *Apocalipsis* nos ofrece una lente para ver nuestro fin de los tiempos.

En 1967, en la conferencia mencionada al final del capítulo anterior, Marcuse mostraba que lo que la gente, durante generaciones, solo había podido soñar —comenzando por la eliminación del hambre y continuando con la satisfacción universal de todas las necesidades humanas—, se había vuelto alcanzable por primera vez. La abundancia estaba al alcance de la mano. Esas ideas siempre han alimentado el horizonte comunista: la promesa de la utopía. Como especie, podemos producir y hemos producido mucho más de lo necesario para satisfacer nuestras necesidades. Los principales problemas son el acceso desigual y el despilfarro en la producción y el consumo, que la eliminación de la explotación capitalista nos permitiría abordar. O eso creíamos muchas personas. Cincuenta y cuatro años después de la conferencia de Marcuse, el Salvage Collective revisa esa promesa en su libro *La tragedia del trabajador* (2021). Mientras que el capitalismo ha convertido a la mayor parte de la población en trabajadora, produciendo finalmente un número suficientemente grande de sus propios potenciales «sepultureros» capaces de allanar el camino para las promesas de redención, el capital se ha «asegurado de que solo quedara por heredar el cementerio». Mientras que los comunistas del pasado imaginaron la posibilidad de apoderarse de los medios de producción y reapropiarse de las capacidades de las infraestructuras capitalistas para la abundancia, el Salvage Collective parece haber dado en el clavo al describir nuestra situación actual como «sumamente trágica». El capitalismo, como Marcuse anticipaba, ha transformado el mundo en un infierno. Y la tragedia del trabajador consiste en que, justo cuando parecemos capaces de alcanzar el horizonte descrito por Marcuse, el mundo nos es arrebatado. Este mundo ya no existe. Vivimos en la Sexta Extinción, la época de mayor muerte masiva y ecocidio del capital.

Nuevas formas de cercamiento, extractivismo y explotación han degradado los ciclos de la tierra y sus sistemas biológicos. De hecho, debido al efecto invernadero vinculado a una economía global basada en el uso de combustibles fósiles, el planeta se está calentando más rápido de lo que la mayoría de científicos preveían, alterando drásticamente nuestro clima y nuestras formas de vida. Los océanos siguen calentándose y los glaciares y polos se están derritiendo antes de lo esperado, hasta cinco veces más rápido en el caso del Ártico. Tan rápido que, muy probablemente, incluso las peores proyecciones de 2023 estén desactualizadas para cuando estés leyéndote este *Manifiesto*. Por ahora, los científicos esperan ver un fenómeno de «océano azul» —un verano sin hielo ártico— en los próximos años, mucho antes de lo previsto, y una ralentización de las corrientes del océano Atlántico con importantes impactos climáticos. Los océanos absorben la mayor parte de la energía originada por las emisiones y se estima que ello equivale a entre 5 y 15 bombas atómicas como la de Hiroshima por segundo, lo que equivale a unos 25 000 millones de bombas nucleares en los últimos 50 años. Pero lo más evidente es que la mitad de toda esta energía se ha incorporado en los últimos 15 años. Cuanto más rápida es la velocidad del cambio climático, menos tiempo tienen los organismos para adaptarse. Los acuíferos y los ríos se están agotando en todas partes. Los incendios forestales, las sequías y las inundaciones se han convertido en noticias habituales. Parece que se han cruzado la mayoría de los umbrales o «puntos de inflexión» del sistema terrestre sobre los que se nos advirtió. Nos adentramos en territorio desconocido. Las consiguientes pérdidas de cosechas han convertido el precio de los alimentos en un problema grave, incluso en los países más ricos.

Está claro que pronto superaremos el umbral del calentamiento global de 1,5 °C. Un aumento de 2,5 °C provocaría la fusión de la mayor parte del hielo polar y los glaciares, el deshielo del permafrost, un aumento de unos 10 metros del nivel del mar y, esencialmente, el colapso de la biomasa clave del planeta. Dadas las consiguientes pérdidas de cosechas, los científicos sugieren que la extinción humana comenzará con un aumento de los 4 °C o tal vez antes. Posiblemente dicha extinción ya haya comenzado: solamente la contaminación del aire está relacionada con casi 1 millón de muertes al año y, a medida que las temperaturas aumentan, los fetos de las mujeres que trabajan en los campos en lugares como Gambia muestran aumentos en la frecuencia cardíaca y reducciones en el flujo sanguíneo, lo cual viene a validar la detección de dichos patrones en los países más ricos.

Incluso el objetivo aparentemente obvio de «detener el uso del petróleo»[10] es posible que empeore significativamente las cosas a corto plazo. A pesar de todos sus efectos destructivos, la contaminación ha atenuado la luz solar y enmascarado o retrasado el calentamiento. Las partículas aerosolizadas de contaminantes como el azufre y los óxidos de nitrógeno detienen el calentamiento al aumentar el albedo o la capacidad de la atmósfera para reflejar la luz solar. Ejemplos recientes de cómo la reducción de la contaminación acelera el calentamiento incluyen el aumento de la temperatura tras la caída de los viajes aéreos durante los primeros meses de la pandemia, así como el rápido calentamiento sobre el Atlántico norte tras la eliminación de los sulfatos en el transporte marítimo transatlántico en 2020. Por lo tanto, y aquí yace la mayor complicación, al detener repentinamente las emisiones, el calentamiento podría acelerarse peligrosamente. Mientras tanto, se espera que la demanda de combustible siga aumentando, sin que las energías alternativas reemplacen los combustibles fósiles a gran escala.

Se desconoce cómo se comportan los sistemas de la tierra tras un aumento de la temperatura de 1,5°C, y mucho menos de 4°C. Lo que sí se sabe es que las cosas no están bien y que este no es el mejor de los mundos posibles. Ya no se puede negar: nos dirigimos hacia una catástrofe. Y lo que tampoco se puede negar es que la catástrofe ya ha comenzado. Por su parte, el sistema de estados, que justifica su existencia repitiéndonos constantemente que existe para proteger nuestra seguridad, no parece dispuesto a hacer nada para detener el desastre. Un informe de 2022 de los

---

10   «Just stoppping oil» en el original; hace referencia al movimiento Just Stop Oil. [N. de E.].

analistas energéticos de Global Energy Monitor (GEM) reveló que se estaban desarrollando más de 24 000 kilómetros de nuevos oleoductos en todo el mundo, que el 40 % ya estaba en construcción y el resto en fase de planeamiento. El informe estimaba que el petróleo transportado a través de los oleoductos produciría al menos 5000 millones de toneladas de CO_2 al año, a pesar de que la Agencia Internacional de la Energía sostiene que desarrollar nuevos yacimientos de petróleo y gas es incompatible con mantenerse dentro de los límites relativamente seguros del calentamiento global. Seguir respaldando los nuevos oleoductos equivale a ignorar intencionadamente los objetivos climáticos establecidos. Peor aún, por un lado, las políticas y estrategias que supuestamente responden al desastre climático se han convertido en impulsoras de nuevos cercamientos de tierras y apropiación de recursos. Por otro lado, esto ha llevado a que nuevas medidas de seguridad hayan adoptado un enfoque ecológico. Estas dos dimensiones están unidas por lo que la Corporación RAND, el preeminente grupo de expertos en seguridad de EE. UU., denomina «contrainsurgencia corporativa» como medio para promover el desarrollo capitalista: utilizando la «responsabilidad social corporativa» y el «desarrollo social» como nuevo terreno ideológico de desposesión, extracción y acumulación, pero también como terreno para una contrainsurgencia verde en nombre de la seguridad.

Ante la deliberada incapacidad de afrontar el problema de la extinción humana apuntalado por un sistema que se conoce como «seguridad» («seguridad climática», «seguridad sanitaria» y «seguridad humana», todas estas formas se invocan en ese juego de no hacer nada), no se necesita mucha creatividad para imaginar escenarios que harán que los horrores del siglo XX parezcan una fiesta al aire libre. «Estamos en guerra con la naturaleza», dijo Andersen en la COP15. Pero, primero, una guerra con la naturaleza es una guerra que la humanidad no puede ganar; la «naturaleza» seguramente sobrevivirá a la «humanidad», y la «vida» ha demostrado que pudo y puede sobrevivir muy bien sin los seres humanos. Y en segundo lugar, la frase que tanto se usa para tratar de conceptualizar esta guerra, la *destrucción de la vida en la tierra*, utilizada por los medios de comunicación pero también por muchos en la izquierda, parece estar fuera de lugar. ¿No es más exacto describirlo como la destrucción de la vida *humana* en la tierra? ¿La destrucción completa por parte de los seres humanos de sus propias condiciones de vida?

Con esta idea en mente, tal vez debamos cambiar nuestro vocabulario. Tal vez «catástrofe» sea el término equivocado, demasiado débil para capturar con precisión lo que está pasando. «Comienza con un terremoto», canta la banda R.E.M. en *It's the End of the World as We Know It (And I Feel Fine)*. Tal vez esta era la versión de la banda del *Keep calm and carry on*. Si pensamos en el terremoto como el principio del fin, el término «catástrofe» ciertamente no es suficiente. ¿Cómo lo llamaremos entonces? La respuesta parece clara: hemos pasado de imaginar la utopía del fin del capitalismo a imaginar el cambio climático que conduce al fin de la vida humana. *Hemos pasado de imaginar la utopía a vivir en el régimen de seguridad del apocalipsis.*

Ahora se nos presentan cada semana, si no cada día, anuncios de que el mundo se está acabando, que puede que no quede tiempo para cambiar de rumbo y que hay que hacer algo. ¿Son exageradas estas advertencias? ¿Se mirará nuestra época de la misma manera que miramos hacia atrás a los milenaristas y a los muchos otros que no paraban de anunciar un fin que nunca llegó? ¿O, esta vez, podría la magnitud del desastre continuo del capitalismo, evidenciado por el cambio climático y la extinción de especies, destruir la vida humana en la tierra? *¿Será el horror de nuestro fin la revelación última de la verdad de nuestro presente?*

La revelación no está en lo apocalíptico, sino en lo normal, o en lo apocalíptico *en su condición de* normal: mira las noticias y verás revelada ante ti la absoluta falta de voluntad de la clase dominante para detener la destrucción de la humanidad que, en su lugar, sigue cantando la misma nana de la seguridad. Nuestro apocalipsis es el resultado de la acumulación normalizada de desastre tras desastre bajo la política del capital. Las referencias al «fin del mundo» han ganado espacio en los últimos años, pero el mensaje se convierte en uno que ya hemos escuchado: mantengamos nuestros asuntos en marcha, mantengamos las cosas normales, mantengamos el crecimiento. «Aquí no hay nada que ver. Circulen». Es la normalidad la que es apocalíptica. La emergencia se extiende sobre su supuesto opuesto, lo normal, dejándonos sin escapatoria.

Lo que está claro es que en el momento del apocalipsis, es decir, *en este mismo instante*, todo lo que pueda ponerse en juego bajo la lógica de la emergencia y las políticas de seguridad, desde detener y criminalizar a quienes participan en protestas por la inacción ante el cambio climático hasta ocultar la magnitud real de la situación, se llevará a cabo y *deberá* llevarse a cabo; mientras tanto, nosotros mismos estamos siendo manipulados. La expansión apocalíptica en la política contemporánea ensancha el espacio para el ejercicio de la violencia policial.

El apocalipsis moviliza a la seguridad y el poder policial, pero también reafirma el mensaje más amplio: las cosas pintan mal, pero hay que ponerse a trabajar de todos modos, porque aunque parezca que estamos viviendo el final de los tiempos, todavía se necesita un sueldo. He aquí la banalidad de la última catástrofe infligida por el capital: los sujetos securóticos están en condiciones de reflexionar sobre ello.

La banalidad de nuestro apocalipsis significa que no habrá un drama final espectacular. El fin de los tiempos se sigue desarrollando de maneras que desafían el hecho de narrar una tragedia suprema que se está normalizando y convirtiéndose en parte de nuestra rutina. Y a medida que el capital y su sistema salarial deben continuar, el apocalipsis, incluida la COVID-19, las muertes masivas, el clima, la destrucción del medio ambiente, incluso la posibilidad de una guerra nuclear, se normalizan, mientras que quienes se preocupan y hacen campaña en contra, son etiquetados como «alarmistas» y «extremistas»: como amenazas a la seguridad.

Y, sin embargo, esta no es toda la historia, ya que el lenguaje de lo apocalíptico sí comunica algo, por muy banal que pueda parecer. Si lo apocalíptico es revelación, la pregunta es: *¿qué está siendo revelado?* La respuesta breve es: la política de la extinción incrustada en el capital y en sus aparatos de seguridad.

Para comprender la naturaleza política de nuestro apocalipsis, recurrimos al libro original sobre el tema, *Apocalipsis*. Este libro de la Biblia fue escrito por Juan de Patmos y durante siglos se pensó que se había escrito poco después de la muerte de Jesús. Se pensaba que Juan había sido el discípulo de Jesús con ese mismo nombre y que era el autor del Evangelio de Juan.

Sin embargo, estudios recientes han revertido esta interpretación y sitúan la escritura del libro mucho más tarde, hacia finales del siglo primero de nuestra era. Esto es importante, porque ha trastocado la lectura convencional del libro como una revelación de lo que está por venir, con los cuatro jinetes del apocalipsis que traen la guerra, la matanza, la hambruna y la plaga, junto con otros horrores como volcanes en erupción, terremotos, truenos y relámpagos, en medio de los cuales aparecen ángeles que bajarán del cielo, tocando trompetas y anunciando que el tiempo ya no existirá más.

Al cuestionar las principales dimensiones del apocalipsis, la administración de la justicia, la resurrección y la salvación, una interpretación del libro es que se trata en realidad de una reflexión sobre el siglo que estaba llegando a su fin. Así pues, el tono apocalíptico del libro y las notables imágenes que contiene no deben interpretarse en términos de nuestra «narrativa de las catástrofes» contemporánea, que entiende el apocalipsis como un acontecimiento venidero, como predicción o profecía (es decir, el género de lo *posa*pocalíptico, que no sólo se encuentra en Hollywood, sino también en el imaginario de la seguridad, aunque a menudo sea difícil desentrañarlos, sino, más bien, como una descripción del mundo terrenal que se había creado en el siglo anterior. La bestia marítima de siete cabezas cabalgada por una mujer, el azufre ardiente, las plagas, los jinetes, no eran presagios de lo que estaba por venir, sino de lo que ha sido y sigue siendo. Las referencias del Apocalipsis sobre «truenos», «relámpagos», «una gran montaña ardiendo en fuego», un «tercio del mar convertido en sangre», un «tercio de las criaturas vivientes en el mar muriendo» y un «tercio de barcos destruidos», pueden interpretarse como referencias a la erupción del Monte Vesubio en el año 79 d. C., que tuvo lugar después de un terremoto en la zona. El evento sepultó los puertos de Pompeya y Herculano, destruyendo sus poblaciones así como los asentamientos que se extendían por varios kilómetros. También fue destruida la flota marítima romana de la zona. La erupción fue tan enorme que las nubes de ceniza oscurecieron el sol en Roma durante días. Al parecer, la naturaleza tiene múltiples y variadas formas de destruirnos. Esa fue también una de las lecciones del Gran Incendio del año 64 d.C., cuando Roma fue devastada, y donde un segundo incendio tuvo lugar 16 años más tarde, solo un año después de la erupción del Vesubio, que se interpretó como otra señal de que algo iba drásticamente mal con los humanos y con su lugar en el mundo.

Sin embargo, como ahora sabemos, el poder destructivo de la naturaleza a menudo surge como respuesta al daño que se le ha hecho. En otras palabras, conocemos la necesidad de pensar en la naturaleza desde una perspectiva política. Y resulta que *Apocalipsis* es uno de los libros más políticos de la Biblia, razón por la cual ha sido citado y discutido por figuras tan diversas como Cristóbal Colón, Martín Lutero, Friedrich Engels, Ernst Bloch y Martin Luther King. La datación más tardía del libro sugiere que Juan de Patmos escribió al final de un siglo bajo el poder imperial romano. En el versículo 17:18, Juan anuncia que «la mujer que ustedes vieron [en la bestia] es la gran ciudad que tiene dominio sobre los reyes de la tierra». A esto le sigue un relato de «Babilonia» en el capítulo 18. Babilonia ha «caído», nos dice Juan, y se ha convertido en «morada de demonios, guarida de todo espíritu inmundo». Los mercaderes se han enriquecido con la riqueza de la decadencia del poder terrenal. «Babilonia» es una autoridad *terrenal* como queda claro en libros del Antiguo Testamento como el de Jeremías, en el que el Señor ordena a los judíos levantarse contra Babilonia, descrita como «objeto de espanto entre las naciones» debido a su violencia contra los judíos. En el Apocalipsis, Babilonia es una gran potencia comercial y marítima, nada menos que la propia Roma. El reino que había «llegado al poder» era el de Roma, no el de Dios. Peor aún es el hecho de que esta Babilonia fue responsable de la matanza de judíos en el año 66 d.C. El propio Juan era judío y miembro de una secta radical comprometida con las enseñanzas del «Rey de los Judíos», Jesús de Nazareth (el «cristianismo» en este momento aún no se había inventado). En el año 66, los militantes judíos habían llevado a cabo una serie de ataques contra el Imperio romano y habían comenzado a almacenar armas para luchar en una guerra de liberación contra el poder imperial romano en Jerusalén. En respuesta, Roma envió decenas de miles de soldados a Jerusalén, sitió la ciudad, mató de hambre a sus habitantes, profanó espacios religiosos y templos, y destruyó gran parte de la ciudad y sus habitantes. Para Juan de Patmos, quien escribió a finales del siglo I, junto con las erupciones y los incendios se produjo la matanza perpetrada por el poder decadente de Babilonia. Para decirlo sin rodeos, la ciudad había caído.

> Para decirlo sin rodeos, la ciudad ha caído. «¡Ay! ¡Ay de ti, gran ciudad, la ciudad fuerte, Babilonia!». Porque en una hora ha llegado tu juicio.
> Y los mercaderes de la tierra lloran y se lamentan por ella, porque ya nadie compra sus mercaderías; cargamentos de oro, plata, joyas y perlas, lino fino, púrpura, seda y escarlata; toda

clase de maderas olorosas, todos objeto de marfil, todo objeto de madera preciosa, de bronce, de hierro y de mármol; canela y especias, incienso, mirra, vino, aceite, harina y trigo; ganado vacuno y ovejas, caballos y carros; y esclavos, es decir, almas humanas.

Los mercaderes que han tratado a las personas como cargamento no hacen otra cosa que observar el tormento, ver cómo la ciudad es arrasada, destruida por las mismas fuerzas que la han explotado. El apocalipsis según esta lectura no es una profecía religiosa del futuro, sino una teología política antirromana. Es una *crítica al poder terrenal*. Esta es la razón por la que Engels, en un ensayo llamado *El libro del Apocalipsis* (1883), sugiere que, aunque se considere que es «el libro más oscuro y misterioso» del Nuevo Testamento, el *Apocalipsis* es en realidad «el más simple y claro». O como señala Ernst Bloch en *Atheism in Christianity* [El ateísmo en la cristiandad] (1968), el libro contiene «los sentimientos de insatisfacción más fuertes» que se puedan encontrar en cualquier religión. Los romanos comercian con almas humanas, destruyen la naturaleza y se entretienen con música mientras Roma arde. Esas cosas deben pasar: «el tiempo está cerca» (Apocalipsis 1:3) y «el viejo orden pasará» (Apocalipsis 21:4). Pero, ¿es así? ¿Y pasará?

Despojado de cualquier promesa redentora —de todo significado, en realidad—, el apocalipsis *ahora* ha llegado de la mano de un poder terrenal más nuevo y mucho más destructivo que el de la Roma imperial: el capital y sus aparatos estatales de pacificación. La pacificación es un motor de acumulación, y el capital necesita mantener el orden social para asegurar tasas de beneficio más altas. Normalizar el fin de los tiempos parece ser el objetivo de las nuevas modalidades expansivas de pacificación a escala global, bajo condiciones de un permanente desarme moral y material de los trabajadores. Asegurarse de que la clase trabajadora sea lo suficientemente sana y productiva para que el sistema continúe, al tiempo que imposibilita que las masas salgan a las calles sirve de guía para esas intervenciones. La perpetuación del Estado y el capital depende de la producción de chivos expiatorios. Después de cientos de años imaginando enemigos, sacrifican incluso lo que hasta hace poco parecía sagrado, es decir, la misma población que el Estado dice proteger. Mantener a los trabajadores pobres, enfermos, aislados, endeudados, desinformados, sin educación y lo suficientemente desorganizados como para volver imposible la resistencia, es el proyecto del capital. En estas condiciones, a través de las pandemias, las catástrofes climáticas y las guerras, seremos administrados silenciosamente hasta la muerte. Somos testigos de la administración política de la extinción humana. Frente a esta política, las palabras y argumentos que usamos suenan huecos, mientras el Estado se apropia de conceptos que hemos desarrollado para describir y criticar estas crisis y nuestra propia condición, incluido el lenguaje mismo de la crisis.

En definitiva, nuestro propio y particular apocalipsis —probablemente el verdadero, el último, el universal— es el resultado del intento de la seguridad de secuestrar el futuro o, incluso, de aniquilarlo. Un futuro donde, a diferencia del libro bíblico, no hay redención. «Aleluya: salvación, gloria, honor y poder». La aniquilación de la vida humana y de nuestro futuro se revelan en el apocalipsis definitivo del capital.

Que esto sea así no debería sorprendernos, ya que la historia del pensamiento burgués sobre la seguridad es siempre un medio para imaginar el futuro. En la obra de un pensador como Jeremy Bentham encontramos, por ejemplo, que los fines de la ley se nos presentan como subsistencia, abundancia, igualdad y seguridad. Pero es la seguridad el «objeto preeminente» de la ley, hasta el punto en que «la libertad [...] es una rama de la seguridad», como escribe en *Principles of the Civil Code* [Principios del código civil]. Una de las razones es que sin seguridad no puede haber propiedad privada. Pero otra razón está relacionada con una «predisposición humana a mirar hacia adelante», «expectativas de futuro». Es nuestro «miedo fundamental al futuro» lo que nos impulsa a trabajar, ahorrar y asegurar nuestra propiedad.

> Para formarse una idea clara del alcance total que debe darse al principio de la seguridad, conviene considerar que el hombre no es como los animales, limitado al presente, ni en el goce, ni en el sufrimiento, sino que es susceptible al placer y al dolor por anticipación, y que no basta con protegerlo de una pérdida real, sino que es necesario asegurar sus posesiones, en la medida posible, contra las pérdidas futuras. Es necesario prolongar la idea de su seguridad, en toda la perspectiva que su imaginación sea capaz de abarcar.

En otras palabras, *el futuro debe ser asegurado*. Entre los objetos del derecho, «*la seguridad es el único que necesariamente abarca el futuro*» (énfasis añadido). Pero si solo la seguridad garantiza el futuro, entonces nuestra imaginación del futuro solo puede tener un nombre: ¡Seguridad!

El apocalipsis, administrado en nombre de la seguridad, es así un acontecimiento que está sucediendo, pero que al mismo tiempo no sucede. Sin embargo, lo cual es aún más confuso, *siempre está sucediendo* o ya ha sucedido. No tanto *Apocalipsis ahora*, sino *Apocalipsis de ahora en adelante.* El mensaje es claro: prepárate para el apocalipsis, si lo deseas (los *preppers* y seguidores de la EDC ya lo saben), pero también aprende a vivir con el apocalipsis. *Keep calm and carry on.* Mejor aún, *Come, reza y ama el apocalipsis.* ¿Quieres morir en lo más alto de la jerarquía corporativa? ¡Ve a por todas!

El apocalipsis no es una ficción. El apocalipsis es el capital destruyendo la vida en el planeta, mientras los Estados lo utilizan como pretexto para gobernar a través de la seguridad, una medida de seguridad tras otra, acabando con cualquier forma de resistencia a la muerte universal. Las nuevas medidas de seguridad se vuelven permanentes. No solo las que llevan a la obliteración de las libertades, sino también las medidas de seguridad implementadas en nombre del bienestar de la gente. De ahí que el tono apocalíptico en gran parte de la literatura y cultura contemporáneas lleve un mensaje: aprender y practicar la voluntad de sobrevivir, la voluntad de matar, la voluntad de renunciar a los amigos, camaradas y seres queridos. Aprender a abandonar la solidaridad en nombre de la seguridad.

El antagonismo violento que sigue bajo la etiqueta de «apocalipsis» es donde se permite la intervención de la seguridad y donde el concepto de emergencia se afianza. Esta es una emergencia real, en el sentido que Walter Benjamin le da a la palabra. Para él, se trataba de fascismo. Para nosotros, es la muerte de la humanidad y las formas de fascismo que presagian esa muerte próxima (coordinada, sin duda, por la clase dominante desde sus búnkeres de seguridad). En este escenario, el ascenso global del fascismo ofrece una respuesta siniestra y clara: tu seguridad se ganará mediante la guerra y tus principales enemigos son los refugiados y migrantes que vienen a apoderarse de lo que te pertenece por derecho.

¿Cuándo comenzó realmente este apocalipsis? Para los pueblos originarios de América, comenzó hace más de quinientos años. Para los trabajadores de los países industrializados, tal vez hace doscientos cincuenta años. Para muchas otras especies, ya es cosa del pasado. Conocemos las razones, ya que han sido plenamente documentadas. Algo que toda esta destrucción, fin y extinción tienen en común es que fueron impulsadas por la expansión del capital y sus aparatos estatales. Las raíces de estos finales son visibles en el aumento de las emisiones de CO_2 y en los mapas de la colonización, la esclavitud y la explotación masiva de personas, de otras especies y de recursos naturales bajo el capitalismo. Las diferentes dimensiones del apocalipsis tienen distintas temporalidades y relaciones con el capital. En este sentido, como escribe The Salvage Collective, la «fase verde» contemporánea del capitalismo es poco más que la «reproducción extendida del apocalipsis».

Pero, tal vez, también se esté revelando algo más. Una verdad es que no hay seguridad y nunca la habrá, que la seguridad es una ilusión y que el Estado nunca nos salvará. Del mismo modo que la seguridad alimentaria no garantiza que las personas obtengan alimentos, la seguridad sanitaria no consiste en mantener a las personas sanas, ni la seguridad consiste en garantizar la salvación de la humanidad. Siendo la seguridad el concepto supremo de la sociedad burguesa, siempre ha existido la idea de que se podía salvar algo, de que se podía hacer que la seguridad funcionara. Para muchos, los informes recientes alarmantes pueden no parecer preocupantes porque todavía creen en la ilusión de la seguridad: que el Estado existe para cuidar de su gente y que, de ser necesario, algo o alguien vendrá a rescatarnos, a salvarnos. De hecho, los aparatos de seguridad pueden ser parte de la razón por la que muchas personas no están experimentando nuestras crisis sin precedentes como un colapso dramático, sino como una (¿más leve?) transición. En algunos casos, temporalmente, el aparato de seguridad puede mejorar la experiencia de las personas hasta el punto de que muchos pueden percibir el rápido deterioro de las condiciones como menos dramáticas o disruptivas de lo que son. También hay personas que pueden no creer en la seguridad, pero que se han visto tan privadas de recursos que se ven obligadas a recurrir al Estado. En última instancia, la cuestión no es tanto si creemos o no en el Estado, sino si el Estado sigue robándonos cosas o permite que el capital las robe. En forma de oleadas históricas de cercamientos, el Estado sigue apropiándose activamente de nuestros recursos, ideas, culturas y estrategias de cuidado, protección y supervivencia. Esto, una vez más, fue la destrucción de los comunes y de la vida comunal, la creación de lo que Gramsci describió como un equilibrio catastrófico: catástrofe para nosotros, equilibrio para el capital.

Los aparatos de seguridad desmantelan y destruyen las prácticas comunitarias. Los aparatos de seguridad se oponen a la solidaridad. Cuanto más perdemos la capacidad y el instinto de solidaridad, más tratamos a los demás como objetos de incertidumbre o, si se prefiere, como *fuentes de nuestra inseguridad*. Aquí estamos, como topos en nuestras madrigueras, ansiosamente preocupados por una inseguridad tras otra, cada ruido es una amenaza, todos somos sujetos securóticos.

Comprendemos muy bien que la abolición de la seguridad parecerá a muchos una idea inquietante, especialmente en un estado tan apocalíptico. Esto puede deberse a que reconocen las huellas de sus propias creaciones en los aparatos desplegados por el Estado. El Estado prohíbe las iniciativas de la gente y se las apropia a través de versiones distorsionadas y monstruosas del cuidado, la generosidad y la resistencia desarrolladas por la propia gente. Así, cuando surja la próxima crisis, tendremos que confiar en el Estado y su seguridad, un artefacto construido sobre la base de las expropiaciones. Al final, los aparatos de pacificación trabajan para desarmar, desorganizar y expropiar al pueblo de tal manera que nos obliga a depender del Estado. El Estado se apropia y subsume todas las luchas para luego representarlas en forma de cosas que deben ser gestionadas y vigiladas. Desposeídas y desorganizadas, cuando se producen pandemias o crisis alimentarias, las personas se ven obligadas a regresar al Estado.

Mientras se impone una austeridad interminable en medio de un apocalipsis normalizado, la represión de las protestas o de quienes buscan proteger a sus comunidades revela una vez más que el aparato de seguridad no existe para protegernos. En su compromiso con el capital, impide que las personas defiendan tanto la vida como el planeta. El mensaje es claro: acumular ahora, preocuparse por la extinción otro día. *Keep Calm, Carry On, and Lean In* [Mantén la calma, sigue adelante y ve a por todo].

Frente a las circunstancias, mientras el capital destruye activamente (y puede que ya haya destruido) un futuro común, intentamos aferrarnos a algún camino viable hacia adelante. Las instituciones financieras internacionales y muchos partidos de centro y centroizquierda sueñan con un capitalismo verde, una transición hacia un futuro descarbonizado que, de alguna manera, no interrumpa la acumulación continua. En estas y otras variantes de lo que los críticos han llamado *hopium* (la combinación de las palabras «esperanza» [*hope* en inglés] y «opio») nos dicen que confiemos en los mercados de CO_2, las energías alternativas, la geoingeniería y las maravillosas tecnologías que se han inventado para salvarnos. Pero, a medida que pasan los años y los acuerdos negociados por la Convención Marco de las Naciones Unidas sobre el Cambio Climático no logran reducir las emisiones de gases de efecto invernadero, este sueño imposible se convierte en una pesadilla sin precedentes.

En respuesta a la *permacrisis*, los movimientos de protesta crecientemente disruptivos de nuestro tiempo han estado lejos de ser revolucionarios. Las luchas y movimientos recientes, desde la Primavera Árabe hasta Occupy Wall Street, Black Lives Matter, Extinction Rebellion, No More Deaths, los bloqueos contra las infraestructuras energéticsa y, por supuesto, la miríada de luchas abolicionistas, pueden, en el mejor de los casos, poner freno al apocalipsis acelerado. En este contexto, no nos corresponde a nosotros ofrecer un programa de diez puntos. Semejante empeño estaría condenado al fracaso. La política es coyuntural. Las estrategias que funcionan en un lugar y momento determinado pueden no ser viables en otro lugar, y también nos enfrentamos a circunstancias sin precedentes, quizás incluso terminales.

En su lugar, imaginamos una crítica de la seguridad que llama a reorientar nuestro pensamiento y organización en torno a los comunes, y a la abolición de la seguridad como un salto de la imaginación política fuera de la empresa nihilista y apocalíptica del estado-capital.

Tal vez la tarea principal de la antiseguridad sea apoyar la recreación de los comunes como la forma más auténtica de organizar la vida social y como la única posibilidad real de supervivencia en el contexto de la destrucción de los sistemas climáticos.

Reconstruir los comunes implica borrar la distinción entre lo público y lo privado, crear una nueva concepción de lo que significa el ser humano y de lo que puede ser la sociedad. Significa más que formar estructuras de consejos (asambleas comunales, comunas, ciudades comunales), como los sistemas de autogestión desde la base. También significa más que el simple acceso a servicios y a la práctica de la reciprocidad y la redistribución. Significa abundancia: un acceso desmercantilizado y colectivo al sustento, a la alimentación, a la vivienda digna, a la salud, a las artes, a la cultura, a la recreación. Significa una nueva concepción del tiempo y de nuestra humanidad común.

¿Puede la abundancia mediar las relaciones sociales en forma de comunes como principio organizador de la vida social? ¡Sí, puede!

De hecho, los comunes han sido similares a una forma orgánica de organización. Más aún, los comunes, como antítesis de la policía, también plantean la posibilidad de algo mayor, suponen una luz tenue en el horizonte donde los movimientos han trabajado durante mucho tiempo y que las rebeliones han hecho visible para muchos. Consejos[11] de obreros, estudiantes y campesinos, entre otros, de hombres y mujeres trabajando juntos por la emancipación, consejos desde

---

11 *Councils* en el original. Se refiere a las formas de organización autónoma de clase: asambleas, consejos, comités... [N. de E.].

la Antigüedad hasta la Comuna de París, pasando por las grandes revoluciones modernas a experiencias recientes en Chiapas, Porto Alegre, Venezuela, Argentina, Grecia, Estados Unidos, Rojava y otros lugares, reunidos por el continuo de desastres generados por el capital, y que nos muestran, una y otra vez, cómo solo la cooperación y la solidaridad pueden ayudarnos a sobrevivir y prosperar, humanos y no humanos juntos.

El apocalipsis nihilista y suicida del capitalismo y su seguridad debe combatirse con todos los recursos a nuestra disposición. Y, así como debemos impedir que el poder policial rehaga el capitalismo, también necesitamos detener la producción de catástrofes y dejar de gritar «¡Seguridad!» a cada paso. Esta es una misma tarea, no tres diferentes. En cualquier caso, nos enfrentamos a la disyuntiva inexorable que señalara George Sand en *Jean Ziska* (1843), citada con aprobación de Marx al final de *La miseria de la filosofía* (1847): «Combate o muerte, lucha sangrienta o extinción».

APÉNDICE
«ANTI-SEGURIDAD: UNA DECLARACIÓN» (2011)

El propósito del proyecto, en pocas palabras, es mostrar que la seguridad es una ilusión que se nos ha olvidado que es una ilusión. Formulado de manera menos sencilla, que la seguridad es una ilusión *peligrosa*. ¿Por qué «peligrosa»? Porque actúa como bloqueo a la política: cuanto más sucumbimos al discurso de la seguridad, menos podemos decir sobre la explotación y la alienación; cuanto más hablamos de seguridad, menos hablamos de los fundamentos materiales de la emancipación; cuanto más llegamos a compartir el fetiche de la seguridad, más nos alienamos unos de otros y nos convertimos en cómplices en el ejercicio de los poderes policiales.

Reconstruir cómo hemos llegado hasta aquí es el primer reto; mostrar lo dañino que resulta es un desafío aún mayor; hacer estas cosas de una manera que contribuya a una política radical, crítica y emancipadora lo es aun más. Pero es un reto que hay abordar, y hay que hacerlo colectivamente. Por lo tanto, para empezar, ofrecemos las siguientes declaraciones sobre una política anti-seguridad.

Rechazamos todos los binarismos falsos que ofuscan y consolidan la problemática de la seguridad y solo sirven para reforzar su poder. Por lo tanto, *rechazamos*:

- Libertad *versus* seguridad: en las obras de los fundadores de la tradición liberal —esto es, los fundadores de la ideología burguesa— la libertad es seguridad y la seguridad es libertad. Para la clase dominante, la seguridad siempre ha triunfado y siempre triunfará sobre la libertad porque la «libertad» nunca ha sido concebida como un contrapeso a la seguridad. La libertad siempre ha sido el abogado de la seguridad.
- Público *versus* privado: ninguna determinación jurídica *a posteriori* sobre imputabilidad, situación jurídica, uniformidad o uso legítimo de la fuerza puede deshacer la colaboración histórica entre la policía pública y privada, los ejércitos mercenarios y estatales, la seguridad privada y gubernamental, o las corporaciones transnacionales y las relaciones internacionales. La esfera pública hace el trabajo de la esfera privada, la sociedad civil el trabajo del Estado. La cuestión, por lo tanto, no es «público *versus* privado» o «la sociedad civil *versus* el Estado», sino de la unidad de la violencia burguesa y los medios por los cuales la pacificación se legitima en nombre de la seguridad.
- Blando *versus* duro: estas construcciones dicotómicas —policía blanda *versus* dura para reprimir el disenso; intervención militar blanda frente a la dura para acabar con la resistencia local o de

movimientos indígenas; el poder blando frente al poder duro para imponer la hegemonía imperial global— no son más que aspectos de la unidad de la violencia de clase, que nos distraen de la pacificación universal llevada a cabo en nombre del capital.

- Barbarie *versus* civilización: la historia de la civilización desde la Ilustración es la consolidación del trabajo asalariado, la imposición cultural y material de la dominación imperial y la violencia de la guerra de clases. Bajo la forma de un «estándar de civilización», la majestad de la Ley fue central en este proyecto. Civilizar es proyectar poder policial. «Civilización» es un código para imponer las relaciones capitalistas; lo que es lo mismo: la civilización burguesa es barbarie.

- Local *versus* extranjero: la mayor tiranía de la seguridad es su insistencia en la construcción del «otro». La seguridad crea amenazas tanto internas como externas, generando el miedo y la división que apuntalan la razón del Estado. La pacificación colonial de los sujetos en el extranjero rápidamente se convierte en pacificación doméstica de los sujetos. Las nuevas iniciativas policiales internacionales no son más que un laboratorio para la militarización de la seguridad doméstica. La «guerra contra el terror» es un asalto permanente en múltiples frentes que agrupa yihadistas con pacifistas, feministas con islamistas y socialistas con asesinos. Ni siquiera una pretensión de distinción es necesaria, porque el Estado capitalista es inseguro en todas las direcciones.

- Pre *versus* post 11 de septiembre. Seamos claros: el asesinato de 3000 personas el 11 de septiembre de 2001 fue horroroso, pero *no cambió nada*. Creer que sí lo hizo es incurrir en un acto deliberado de olvido. El aparato de seguridad que se aceleró en los días posteriores al ataque se había venido gestando durante décadas a medida que cambiaba el terreno de la guerra de clases. Los blancos de la nueva «guerra» —esta vez contra el terrorismo— no eran nuevos. El grito de «inseguridad» fue nuevamente respondido con dos demandas conocidas: tú consume y nosotros destruiremos. Vete a Disneylandia y deja que el Estado continúe el trabajo que ha estado realizando durante generaciones. Si el 11-S logró algo, fue hacer que la seguridad fuera prácticamente inexpugnable.

- Excepción *versus* normalidad: esto *no* es un estado de excepción. Que el Estado capitalista pisotee los derechos humanos en nombre de la seguridad es normal. Que la clase dominante lleve a cabo actos de violencia en nombre de la acumulación es normal. Idear nuevas técnicas para disciplinar y castigar a los sujetos refractarios es normal. Asesinatos selectivos, el bombardeo de civiles, encarcelamiento sin juicio previo... Normal, normal, normal. Y, no lo olvidemos: ¿los liberales, desesperados, justifican tales cosas? Normal.

Entendemos, en cambio, que la seguridad hoy en día:
- Opera como el concepto supremo de la sociedad burguesa.

- Coloniza y desradicaliza el discurso: del hambre a la seguridad alimentaria; del imperialismo a la seguridad energética; de la globalización a la seguridad de la cadena de suministro; de la asistencia a la seguridad social; de la seguridad personal a la seguridad privada. La seguridad vuelve burgués todo lo que es inherentemente comunitario. Nos aliena de soluciones naturalmente sociales y nos fuerza a hablar el lenguaje de la racionalidad estatal, el interés empresarial y el egoísmo individual. En lugar de compartir, acaparamos. En lugar de ayudar, generamos dependencia. En lugar de alimentar a otros, los dejamos morir de hambre... Todo en nombre de la seguridad.
- Es una mercancía especial, que juega un rol fundamental en la explotación, la alienación y el empobrecimiento de los trabajadores. Produce su propio fetiche, incrustándose en el resto de mercancías, produciendo aún más riesgo y miedo mientras intensifica y nos distrae de las condiciones materiales de explotación que nos han vuelto inherentemente inseguros. Concreta nuestras inseguridades efímeras bajo relaciones capitalistas. Intenta saciar a través del consumo lo que sólo se puede lograr a través de la revolución.

El *llamamiento* de esta *Declaración* es que procedamos a:
- Nombrar a la seguridad por lo que realmente es.
- Rechazar la securitización del discurso político.
- Cuestionar la naturaleza autoritaria y reaccionaria de la seguridad.

- Señalar las formas con que la política de seguridad desvía la atención de las condiciones y cuestiones materiales; en ese proceso transforma la política empancipadora en un brazo de la policía.
- Luchar por un lenguaje político alternativo que nos lleve más allá del horizonte estrecho de la seguridad burguesa y sus poderes policiales.

Escrito en 2010; publicado por primera vez en *Anti-Security* (Red Quill Books, 2011).

El Colectivo Anti-Seguridad

El Colectivo Antiseguridad es un grupo de académicos y activistas formado en 2010 en Ottawa, Canadá. Desde el principio, nuestra red ha estado comprometida con una crítica radical del poder policial, asumiendo tanto la hegemonía material como ideológica de la seguridad bajo el capital. Influenciado por el trabajo de Mark Neocleous, las críticas radicales inacabadas de la seguridad de los años sesenta y setenta, al mismo tiempo frustradas por la asfixiante inexpugnabilidad conceptual e intelectual de las lógicas de seguridad en el mundo post 11 de septiembre, nuestro proyecto se dedica a proporcionar las herramientas conceptuales para un desmantelamiento analítico y político de la seguridad.

El primer proyecto colectivo de Anti-sec fue la antología *Anti-security* (2011), que siguió a nuestra reunión en Ottawa. El volumen fue precedido de una declaración que cristaliza nuestro llamamiento a la resistencia política e intelectual a la seguridad burguesa. Desde entonces, el prefacio «Anti-seguridad: una declaración» ha sido traducido a varios idiomas, lo que ha ayudado a fomentar una mayor conciencia internacional de los principios clave de nuestro proyecto. Hubo reuniones posteriores en Brighton, Génova, Nicosia y nuevamente en Ottawa, así como un nuevo volumen llamado *Destroy, Build Secure: Readings on Pacification* (2017). Ellos ofrecieron la base para que los miembros de Anti-sec emprendieran proyectos colectivos e individuales de críticas empíricas y filosóficas de la seguridad. En 2023, nos reunimos en Maine, con el generoso apoyo del Fondo de Proyectos Vitales, para completar la redacción de este volumen, para el que también recibimos comentarios útiles de camaradas locales.

Hoy, nuestra crítica colectiva ha llegado a una encrucijada. Los principios centrales de la anti-sec han pasado de los márgenes radicales a la corriente principal revolucionaria. Los llamamientos, que van desde la desfinanciación hasta la abolición, han galvanizado una nueva generación de activistas que han experimentado de primera mano la brutalidad del poder policial. Pero este momento revolucionario pareciera estar escapándose, capturado y cooptado una vez más como otra iniciativa de reforma policial. Tal es el poder de la seguridad. Sin embargo, hay otro camino. Este *Manifiesto* establece lo que creemos que tenemos que hacer para vencer.

Mark Neocleous y George Rigakos